ROBOT《ロボット・プルーフ》

AI時代の大学教育

PROOF

ジョセフ・E・アウン［著］

杉森公一・西山宣昭・中野正俊・河内真美・井上咲希・渡辺達雄［共訳］

Higher Education in the Age of Artificial Intelligence

Joseph E. Aoun

森北出版

●本書のサポート情報を当社Webサイトに掲載する場合があります．
下記のURLにアクセスし，サポートの案内をご覧ください．

https://www.morikita.co.jp/support/

●本書の内容に関するご質問は，森北出版 出版部「(書名を明記)」係宛に書面にて，もしくは下記のe-mailアドレスまでお願いします．なお，電話でのご質問には応じかねますので，あらかじめご了承ください．

editor@morikita.co.jp

●本書により得られた情報の使用から生じるいかなる損害についても，当社および本書の著者は責任を負わないものとします．

目次

はじめに　1
人間ならではの教育　9

第1章　ロボットがもたらす未来への懸念　15
元素と力学的仕事　16
ロビン・フッドの帰還　18
進歩のエンジン　21
エンジンをふかし直す　26
教育による修正　32
違う考え方をする　34

第2章　経営幹部からの視点：雇用者は何を求めているか　38
機械と共に働く　43
システムと共に働く　49
アイディアと共に働く　53
批判的思考とシステム思考　57

第3章　未来の学びのモデル　59
創造的に考える　62
新しいリテラシー　68
四つの認知能力　77
しかし、どうやって教えるのか？　90

第4章 経験がもたらす違い 93
経験学習とは何か 97 なぜ経験学習は効果的なのか？ 100
なぜ経験学習によってロボット・プルーフになれるのか 104
コーオプを通した経験学習 107 コーオプの実践 113
寄宿型大学での経験学習 118 経験的リベラルアーツ 122
経験の評価 126 人生を通じた経験学習 128

第5章 人生を通じた学び 130
生涯にわたる学びへの要請 130
生涯学習のささやかな始まり 133 生涯学習への要求 136
カスタマイズされ、個別化されたモデル 140
生涯学習は大学をどう変えるか 147 大学間連携の高まり 154

おわりに 160
雇用者の役割 162 世界での取り組み 164
誤った選択肢と、本当の選択肢 166

謝辞 169 訳者解説 171 原注 189 索引 198

※本文中、〔 〕は訳者による補足。＊1などは原注。

はじめに

　数千年前、農業革命は、獲物をとって暮らす私たちの祖先に鎌や鋤をもたらした。数百年前、産業革命は、農民たちを農家から工場に押し出した。ほんの数十年前、技術革命は多くの人々を、工場現場からデスクの座席やオフィスキュービブに導いた。

　現在、私たちは、人間がどう働いて生計を立てるかに関する、さらに別の革命の最中を生きている。再び、この革命は古い信念を壊すべく、歴史の灰の山をいぶりながら、新しい技術から力を得ようとしている。栽培された穀物の種や綿、蒸気機関に代わる今回の革命のエンジンは、デジタルとロボットである。

　私たちはテクノロジーの驚異の時代を生きている。コンピュータはスピードアップを続け、処理能力あたりの値段を急落させながら、2倍、そのまた2倍と能力を上げている。これは機械学習――旧来の人手によるプログラミングに代わって、データからコンピュータに学習させる手法――の進歩と、AI（人工知能）の推進を駆動する。経済学者のエリック・ブリニョルフソンとアンドリュー・マカフィーは、『ザ・セカンド・マシン・エイジ』で次のようなことを述べている。ジェームズ・ワットの蒸気機関が牛車とともにゆっくりと歩んできたそれまでの経済を丸ごと転換したように、近年私たちのコンピュータはフルパワーに達し、時代は変曲点を迎えた。[1] 労働の専門家たちは、コンピュータがあまりに人間の能力に精通するようになって、そのうち人間による入力さえまったく不要になるのではないかと、当然ながら心配を深めている。[2]

この変曲点の出現に関する証拠は、いたるところにある。いま、自動運転車は、ピッツバーグやペンシルベニアなどの都市の道を行き交っている。新しいロボットは、簡単に階段を上り、ドアを開けることができる。進歩したコンピュータは、難解な戦略ゲームである囲碁の人間の世界チャンピオンを大差で打ち負かした。さらには、機械の処理能力だけではなく、それらの接続は密になり、センサー、ＧＰＳシステム、ジャイロの性能は指数関数的に向上する。現在では、私たちがコンピュータに与えるのは、人工的な「知能」に限らない。それは、人工眼、人工耳、人工手、人工足にまで及んでいるのである。

その結果、こうした能力によってコンピュータは、私たち人類の一員によってかつては独占されてきた役割、職業を担えるようになってきた。ロボットはいまや、株を分析し、有益な文章をたくみに書き、そして顧客と会話している。[3] 半自律的な機械が、もうすぐ戦場で兵士に加わるかもしれない。[4] 中国では、「協働ロボット（co-bots）」——人間と一緒に工場で安全に動くことができる機械——が、労働者の大幅な生産性向上を可能にし、同国が誇る製造業を押し上げている。２０１５年の世界の産業用ロボットの売上高は前年比で12％増加し、その数は25万台近くに達した。[5]

同時に、ビッグデータは社会科学からビジネスまであらゆるものに革命を起こし、各組織は際限ない情報収集に手を出している。アルゴリズムは、無数のデータをマイニングし、得られた情報を新しい機能に適用することを通じて、いわば自ら学習する。機械学習はいまや、迷惑メールフィルタからアマゾンの買い物リストや出会い系アプリまで、あらゆるものの動力となっており、何を見るべきか、何を買うべきか、誰を愛すべきかまで教えてくれる。[*6] 人工ニューラルネットワークがパターンを識別する「ディープラーニング」のシステムは、画像を見てそれが椅子なのか人間の顔なのかを認識したり、説明書なしでビデオゲームをプレイしたりする方法を自分自身で学んでいる。[*7]

　多くの点で、これらの新しいテクノロジーは人類にとって驚くべき恩恵であり、貧困、飢餓、そして病気を軽減させる力を私たちに与えている。たとえば、ＩＢＭの企業市民活動《コーポレート・シティズンシップ》および企業広報担当副社長であるスタンレー・S・リトウは、ニューヨーク・メモリアル・スローン・ケタリング病院へのワトソン（Watson）——テレビのクイズ番組「ジェパディ！」（Jeopardy!）の人間チャンピオンを打ち破った有名なコンピュータシステム——の導入事業を統括している。「ジェパディ！」を見た医師が、コラボレーションのアイディアを思いついてＩＢＭにもちかけたことで、ワトソンは腫瘍学のアドバイザーとして生まれ変わったのだ。ＩＢＭのコンピュータサイエンティストは、ワトソンに病院の臨床試験から得た情報（リトウによれば、「一部だけではなく、すべての情報」[*8]）を埋め込み、データ分析を通して腫瘍専門医の質問に答えられるようワトソンを訓練した。

「ワトソンとのやりとりは、患者と話すように進んでいきます」と、リトウは言う。「『彼女には次のような徴候があります。○○が問題なのか、××が問題なのかを判断するのに役立つ臨床試験に関する情報はありますか？』などと、モバイル機器を通じてワトソンに聞くことができます」。ワトソンはデータを分析し、腫瘍医の質問に通常の英語で回答する。「臨床試験に関する情報はたくさんありますが、それにアクセスできない医師は多くいます。ワトソンは実際に、アメリカで最も優れた何名かの腫瘍医に使われており、彼らがより正確で迅速な診断を下し、素早く治療計画に移ることを可能にしています。それらは、がんの治療において非常に重要なことです」。

ワトソンの次の挑戦は、スローン・ケタリング病院で成功しているものと同じデータ分析とコミュニケーション手法を用いて、効果的な教育実践について教師に助言し、それによって、ニューヨーク市公立学校システムでの教育を改善することである。ワトソンのようなテクノロジーは、人命を救ったり、分数を教えたり、(やや洗練度が劣る用途としては) 最も近い駐車スペースを見つけるのを助けたりしている。つまり、人々のよりよい働き方を支えているのである。

ただし、それはいまのところは、である。自動化《オートメーション》は長いあいだ、熟練していない労働者にとっての脅威だと考えられてきたが、いまでは私たちに想像できるあらゆる職業——「知識経済」の仕事だと思われている多くの職種を含む——が、ますます機械のできる範囲に入りつつある。[*9]医用画像の解釈、法律調査の実施、データの分析のような、高いスキルを要する多くの機能も、そこには含まれる。

高度な機械やコンピュータが、投資先の選択や病気の症状の診断、自然な会話にますます熟達するなかで、その能力には果たして限界があるのかと問わずにはいられない。テクノロジーが私たちの経済——そして私たちの文明——を破壊させる可能性は、これまでになく高いと、多くの論者が信じているのはこのためである。

この数年間に私が行った、労働市場に入る学生たちや雇用するビジネスリーダーたちとの会話からわかった重要なことは、この新しい経済的現実のなかで有用であり続けるためには、高等教育には劇的な再調整が必要だということだ。テクノロジーの向上で消えそうな仕事に向けて大学生を教育する代わりに、21世紀の大学は時代遅れのキャリアモデルから学生たちを解放し、彼らに自身の未来のオーナーシップを与えるべきである。テクノロジーが規定するこの新しい経済で、彼らが成功するために必要なリテラシーとスキルを身につけさせるとともに、多様でグローバルな環境における人生の課題に立ち向かうために必要な学習へのアクセスを提供し続けるべきだ。高等教育には、学部生と大学院生のみに重点を置くモデルではない、新しい方向性が必要である。大学は、生涯学習のエンジンとなるべく、教育を届ける範囲を広げなければならない。

私たちがそのような教育上の転換を必要とすることには、多くのエビデンスがある。よく引用される2013年のオックスフォード大学の研究では、今後20年以内にアメリカでの仕事の約半分が自動化の危険にさらされていることが示された。[*10] たとえば、金融の分野では新しいロボットアルゴリズムによる為替取引プラットフォームが業界を席巻しており、今後10年間で、ソフトウェアがすべての金融業務の3分の1から2分の1を占めると推定されている。[*11] マッキンゼー・レポートによれば、既存の技術だけを使用した場合でも、人間が行っている有償の仕事の45%が自動化され、アメリカでは年間2兆ドル以上の人件費が支払われなくなる。[*12]

人類がこのようなシナリオに直面したのは、今回が初めてではない。過去の産業革命では、トラクターやジェニー紡績機に職を奪われてしまった大工や織工は、苦しみながら経済的・職業的転向を果たさなければならなかった。しかし、再訓練を受ければ、彼らは新しい工場での仕事につくことをそれなりに期待できた。同様に、情報化時代には製造業の少なくない部分が一掃されたが、人々の多くは、より熟練した製造業、サービス部門、または複合オフィスビルで仕事を得るための教育と訓練を受けることができた。将来、雇用情勢がさらに複雑になったとしても、教育は、人々がより高い経済的な位置へと上るためのはしごであり続けるだろう。そして、雇用情勢は間違いなく、ますます複雑になっている。その理由の一つは、世界全体での労働力の供給が増え続けている一方で、高賃金、高生産性の仕事の正味の数が減少しているように見えることである。[*13] より多くの人々を雇うために、もっと多くの仕事をつくり出す必要があるだろう。しかしそれがどんな仕事かは、明らかではない。

このギャップを埋めるうえで、テクノロジー分野で見られるような新しい産業を、さらに生み出していかなければならないのは確実だ。米国労働統計局によると、2024年までにコンピュータと情報テクノロジー関連の職業は、合計440万人の雇用を占めると予測されている。[*14] 同時期に、16歳以上の労働人口は1億6370万人に達すると予想されている。それに加えて、テクノロジー企業には顕著な労働効率がある。たとえば、新しい経済の旗手であるグーグルでは、2015年のフルタイム従業員数が6万1814人であった。ゼネラル・モーターズが1979年のピーク時には60万人もの従業員に給料を支払っていたのと対照的だ。[*15] この難点に対処するためには、創造的な解決策が必要である。

自動化以外にも、多くの要因が経済力を動かしている。グローバル化は最も明白な要因だが、環境の持続不可能性、人口の変化、不平等、政治の不安定さは、そのすべてが、私たちがどのように時間を過ごすか、どうやって毎日のパンを手に入れるか、そしてどのように充実感を得るかに影響する。過去の真理は急速に失われつつあり、その代替は見つかっていない。

ウーバー（Uber）のために車を運転したり、タスクラビット（TaskRabbit）〔家事代行サービス〕で家具の移動を代行したり、アマゾン・メカニカル・ターク（Amazon Mechanical Turk）〔文書作成などの代行サービス〕のためにテキストをタイプしたりといった、フリーランスで仕事を行う「ギグエコノミー」の成長に、希望を見る識者もいる。しかし、これらのプラットフォームによる収益は限られている。2014年以来、「ギグ」プラットフォームから、収入の50％以上を稼いでいる人々の数は、実際には減少している。[*16] 一般的には、これらのプラットフォームは人々の収入を増加させ、毎月の請求書の支払いを助ける。しかし、経済のエンジンとして、フルタイムの仕事の代用品とはなっていない。

出現している新しいフルタイムの仕事の多くは、より幅広いスキルを伴うプログラミングやデータ分析といった技術的専門知識を必要とする、いわゆるハイブリッド職である。[*17] 50年前には、ユーザー・エクスペリエンス・デザイナーが一つの職業となるとは想像できなかったが、いまはこうした職業は存在する。明らかに、仕事は変化している。これらすべての要因が、求職者にとって複雑で未踏の地形をつくり出しており、次のような重要な問いが投げかけられている。職業的・経済的な領域で人々を助けるため、教育をどのように用いるべきか？

大学の学長である私にとって、これは小さな問題ではない。実際のところ、私が率いるノースイースタン大学は、教育と仕事の接続を明確に課題として捉えている。高等教育のコーオプ（co-op）

モデルに根ざした経験学習のパイオニアとして、ノースイースタン大学の使命は、つねに職業の世界での役割を果たせるように、そしてそこで成功するように学生を育成することであった。しかし最近、学生たちが自らのキャリアパスを暗中模索しているのを見たり、新入社員に何を求めているのかを雇用者に聞いたり、職業の世界へテクノロジーが与えるインパクトについて日々読み聞きしたりするなかで私は、高等教育の既存のモデルはグローバル経済を揺さぶる地殻変動にまだ適応していないと認識するようになった。

私は、大学は学生を専門家にするだけでなくクリエータとして育てるべきだと信じている。創造は、経済活動の基盤となるとともに、将来に人間がすることの大部分となるだろう。知能機械は、何百万人もの労働者を型にはまった仕事から解放するかもしれないが、それでも私たちが行うべき多くの仕事が残される。病気を治し、環境を修復し、そして貧困を終わらせるといった大事業は、世界中から集められるだけの才能を必要とする。機械は私たちが宇宙を探索するのを助けるが、その発見の影響を受けるのは人間である。この先も人間は、人間の作家が書いた本を読み、人間の想像力から生み出された歌や芸術作品に感動するだろう。人間は、依然として自己犠牲や勇気を伴う倫理的な行動をとり、私たちの世界と種の発展のために行動することを選ぶだろう。また人間は、幼児の世話をし、病弱な人には癒しを与え、私たちのお気に入りの料理を調理し、ワインをつくり、そしてゲームで遊ぶだろう。私たちには皆、やるべきことがたくさんある。

そのため、本書ではそれを目指す最新の高等教育モデルを提示する。それは、新しいクリエータたちを育成し、彼らが現代のあらゆる技術を駆使して、知能機械が転換を迫る経済と社会で成功するための力を与えるものだ。またそれは、学生たちが仕事を始めたあとも、長期にわたって彼らを支援し、学習の果実を届け続ける高等教育を目指すものである。これはある意味では、高等教育を新しい方向に進めるためのロードマップのように見えるかもしれない。しかし、これは何世紀もの歴史をもつ大学の目的から離れるというよりは、むしろそれを継続するものである。すなわち、学生に今日そして未来の世界で生きる力を備えさせることだ。教育はつねに社会のニーズに応えてきた。いま、これまで以上にそれをしなければならない。高等教育は、進歩と変化の先導者であるからだ。そして変化こそ、いまという時代を決定づけている力なのだ。

人間ならではの教育

教育はそれ自身に見返りがあり、豊かで思慮深い存在として生きるための、心の備えを身につけさせてくれる。しかし、私たちのような先進的な社会や経済で生きる大部分の人々にとっては、教育はホワイトカラーとして雇用される前提条件でもある。大学の学位なしには、多くの勤め人は、経済的なはしごを上ることが困難となり、はしごを滑り落ちてしまうこともあるだろう。

経済が変化すると、教育もそれに応じて変化しなければならない。実際、それはこれまでも起こっている。私たちは、自分たちの社会にとって価値があると考える科目を教える。たとえば、18世紀、植民地時代に創立された大学は、将来の弁護士と聖職者たちに古典、論理、修辞を教えていた。19世紀になると、蒸気と鋼鉄とともに工業化する世界での需要を満たすため、科学や農学を教える大学が登場した。20世紀に入ると、企業経済におけるオフィスワークに適した専門的学位が台頭してきた。

いまでは、植民地時代と工業化時代は歴史書のなかだけの話となり、そしてオフィス時代でさえ急速に記憶から失われていくだろう。私たちはデジタル時代に生きており、学生たちは、AIを搭載したロボット、ソフトウェア、そして機械が、現在は人間が行っている仕事をどんどん担うようになる未来に直面している。同じことを日々繰り返すだけの仕事は少なくなっていくため、教育はそれに対応すべきである。卒業生が職場で「耐ロボット性《ロボット・プルーフ》」（耐水性（ウォーター・プルーフ）を真似た造語）をもつことを保証するためには、高等教育機関はカリキュラムを再び調整しなくてはならない。

ロボット・プルーフな高等教育のモデルは、学生の頭を上質な燃油でいっぱいにすることだけではない。むしろ、彼らの知的なエンジンを改良し、社会にとって価値があるものを発明したり、発見したり、製造したりできる創造的なマインドセットと知的な柔軟性を備えさせることだ。科学的な証明、ヒップホップのレコーディング、新しいトレーニング方法、ウェブコミック、がんの治療法など、何でもよい。どのような創造物であれ、「機械的作業《ルーティン》」というラベルがつくこと、すなわち自動化の脅威を回避するためには、それは何らかの意味で十分なオリジナリティをもたなければならない。ロボット・プルーフ教育は労働者を訓練するのではない。クリエータを育てるのだ。

ロボット工学の分野は、歴史上最も先進的な機械を生み出している。だから、私たちには人間に対して同じことができる学問分野が必要だ。以下では、私たちの人間特有の創造性と柔軟性の特性を育成することを目的とする新しい学問分野である、「ヒューマニクス」の枠組みについて説明する。ヒューマニクスは、人間の生来の強みを生かし、優秀な機械と人間の専門家とが共に働く労働市場で競争力をもてるように、学生を育てる。そして法学を学ぶ現代の学生が特定の知識体系と法的思考の両方を学ぶのと同じように、ヒューマニクスを学ぶ将来の学生は特定の内容を習得するとともに、人間独自の認知能力を訓練しなければならない。

これ以降の章では、ヒューマニクスの構造と中身について見ていくが、ここではまずヒューマニクスがもつ二つの性質について述べよう。第一の側面であるその内容は、私が「新しいリテラシー」と呼ぶものである。かつては、読み書き計算の能力が社会参加の基盤を形成した一方で、教育を受けた専門家でさえも、オフィス用ソフトウェアでクリックやドラッグができる以上の技術的熟練を必要としなかった。もはやそれでは十分ではない。将来的には、卒業生は、データリテラシー、技術リテラシー、およびヒューマンリテラシーの三つを加えることによって、従来のリテラシーをさらに強化する必要がある。デジタル化された世界では、アナログのツールのみではやっていけなくなったためだ。人々は、絶え間ないビッグデータの流れ、相互接続性、デバイスをクリックしたりタッチしたりするたびに流れてくる瞬時の情報のなかで生活し、仕事をする。そのため、これらの情報を読み取り、分析し、使用するためにデータリテラシーが必要である。技術リテラシーはプログラミングとエンジニアリングの基礎を与え、機械がどのように動くのかを教える。最後に、ヒューマンリテラシーは彼らに人文学的な素養、コミュニケーション、そしてデザインを教え、彼らが人間集団のなかで活動することを可能にする。

先に述べたように、将来の仕事において知識だけでは不十分である。したがって、知識内容にとどまらない、一連の認知能力がヒューマニクスの第二の側面となる。これらは、高次の知的スキル、つまりマインドセットと世界についての考え方である。一つめは、システム思考、つまり、企業、機械、あるいは科目を総体的に捉え、さまざまな機能間を統合的に接続する能力だ。二つめは、アントレプレナーシップ（起業家精神）である。これは創造的なマインドセットを経済的・社会的な分野に適用する。三つめは、異文化アジリティである。これは、世界中の多様な環境のなかでうまく活動し、異なる文化、ときには相反する文化のレンズを通して状況を見る方法を教える。四つめの能力は、教養プログラムでおなじみの批判的思考であり、学術的で合理的な分析と判断を行う習慣のことだ。

新しいリテラシーと認知能力が組み合わさることで、優秀な機械の計算能力に負けないための創造性を学生に育むことができる。それを通して、学生は他の人々や機械とうまく協働できるようになり、互いの長所を生かせるようにもなる。つまり、ヒューマニクスは人類にとって強力な道具箱になりうる。

本書はまた、人々がそれらの道具をいかに手に入れられるかを探る。高い水準での認知能力を獲得するためには、教室でそれらの能力について読んだり、ケーススタディや教室での模擬実習に応用したりする以上のことをしなくてはならない。学生たちの頭にしっかりと定着させるためには、コーオプやインターンシップが提供するような、激しくまた混沌とした実社会の環境のなかでの経験が必要である。経験学習を通じて幼児が言葉や歩行のコツを見出したり、モンテッソーリ教育を受ける子どもたちが読みや計算を学んだり、アスリートや音楽家がジャンプシュートやアルベジオを完全に習得するのと同じように、大学生もまた異なる考え方を経験学習で学ぶのである。これが、ヒューマニクスのための理想的な教育システムとなる。

しかしながら、高等教育の新しいモデルでは、学習が学士号を習得すれば終わるものではないという事実を考慮しなければならない。機械が過去の限界を超えていくにつれて、人間もまた知的能力やスキル、技術に関する知識を磨き続けなくてはならない。卒業するときに選んだ職業にとどまる人はめったにいないのであり、そのため生涯学習の支援が必要である。大学は、こうした学習者がいる場所に出向くことによって、この支援を提供することができる。これは、教育方法とともに教育の時期が根本的に変わることを意味する。もはや大学は、大学生や大学院生として学ぶ特定の数年間に焦点を合わせるだけではいけない。高等教育は、誰にいつ教育を提供するかについての考えの幅を広げなければならない。人生のどの段階にいるかにかかわらず、すべての人に提供しなければならないのだ。

2025年までに、地球には80億もの人間——それぞれが野心と知能と潜在能力をもった人々——が住むことになる。[*18] 地球は、いま以上につながり合い、かつ競争的になっているだろう。技術の進歩の速度を考えれば、コンピュータ、ロボット、そしてAIは、私たちの日常や仕事のなかにより深く織り込まれていくと予測できる。いま存在している仕事の多くは消え、代わりに給与を生み出す別の仕事はしばらく生まれないかもしれない。ただ一つ確実に言えるのは、いまとは異なる世界になるということであり、変化とともに難題と好機が同時にやってくることだ。多くの場合、それらの難題と好機はまったく同じものである。
教育が、そのどちらになるかを分けるのだ。

第1章 ロボットがもたらす未来への懸念

機械が世界そして人々を支配するときがくるのは時間の問題である。そして真に哲学的な精神をもった人ならば、そのことに誰も異議を唱えないだろう。

サミュエル・バトラー "Darwin among the Machines"（1863）

2015年、チャップマン大学はアメリカ合衆国の国民が最も恐れるものを調査し、そのランキングを発表した。人為的なテロや核攻撃がそのトップを占めているが、次にくるのは——犯罪、地震、人前で話すことを抑えて——テクノロジーに対する恐怖だった。実際のところ、テクノロジーはまったくの未知以上に多くの人々を不安にするようだ。上記の調査によれば、アメリカでは、死を恐れると答えた人よりもロボットに仕事を奪われることを恐れると答えた人のほうが、7％も多かったのである。[*1]

しかし、ロボットがあなたを追い出そうとしているというのは誇大妄想ではない。人類がひとかけらの石英を指先よりも鋭く加工できることを見つけて以降、機械は手作業に取って代わってきた。いつの時代にも、人の仕事の変遷とともに仕事場は失われてきた。私たちができる仕事の量が技術のおかげで増えるにつれて、私たちが行う仕事の質も変わってきている。問題は、21世紀に起こる仕事の変革が、果たして20世紀や19世紀、あるいは紀元前10世紀に起こった変革と質的に同じかどうかなのである。

元素と力学的仕事

物理学では、物体に力が作用し、その物体がある方向に運動したとき、仕事がなされたと言う。このときエネルギーが使われる。生物学によれば、生物はエネルギーを使って食物を獲得し、それにより生存、さらなるエネルギー消費、摂食のプロセスを続ける。

歴史を振り返れば、人類は、食物を得るための仕事にエネルギーを使い続けてきた。しかし、他のほとんどの生物と違って、私たちは歯や筋肉を使って得られる力よりもはるかに大きな力を利用することによって、莫大なエネルギーを生み出す方法を発明してきた。おそらく100万年前にはすでに、私たちの祖先は火という力を手に入れた。火を自在に操れるようになったことは、仕事に関する技術革新のなかでも最も偉大なものである。*2 食物を調理することによって、私たちの祖先はより少ないエネルギーで食物を消化し、小麦や米など有益な植物を食物として利用することが可能になった。また、私たちの体を蝕む細菌を未然に死滅させ、食物の咀嚼や流動に使われる仕事が少なくて済むようにもなった。これにより、私たちはより多くのエネルギーを脳の巨大化に費やすことができるようになる。

そして時は下って、私たちは植物を育て家畜を養い、動物を仕事に使うことによって、消費できるエネルギーを大幅に増やした。帆や風車を発明し、風の力も利用してきた。しかし、私たちが真に信頼できる自然の力を手にしたのは、蒸気の力を使えるようになったときだった。[*3]

産業革命は、熱が運動を引き起こし仕事をするという気づきから始まった。水を沸騰させればピストンが動き、18世紀の技術者がその先に接続したものは何でも動かすことができた。採掘場での揚水ポンプを手始めに、以前は手足を酷使し腰を痛めて行っていた仕事を機械が行うようになったのである。そしてわずか数十年のうちに、このような工業化は人間社会のほとんどすべての場面を大きく変えていった。

世の中は機械化され、無尽蔵とも思えるエネルギーを産み出す石炭、そして石油の利用も始まる。工場は轟音を発し、田園を横切る鉄道からは汽笛が鳴り、ガス燈で照らされたレンガと鉄からなる町がつくられていく。耕作機と種まき機がもたらす収穫に支えられ、町は人で溢れていった。人類がこのような劇的な変化を経験したのは、農耕の勃興以来のことであった。

しかし、技術革命の効力が全面的に発揮されたのは、19世紀終わりになってからだった。この時期、マイケル・ファラデーなどの科学者と、トーマス・エジソン、ジョセフ・スワンといった発明家のおかげで、電気が利用できるようになる。１８８1年、スワンはロンドンのサヴォイ劇場の照明に白熱電球を使い、そしてわずか数年のうちに、電気は数十億年続いてきた真っ暗な夜の闇から人類を解き放った。高電圧の交流が開発されると、技術者は組み立てラインと大量生産へ電力を供給できるようになった。そして私たちが行うことができる物理的仕事の量は大幅に増え、人々の生き方は劇的に変化した。

火、蒸気、そして電気は、ながらく、私たちの仕事に使えるエネルギーを大幅に増やしてくれる三つの基本的な力だった。そして20世紀の中頃に、やはり革新を起こす可能性を秘めた新しい力が現れた。情報――デジタル機器を駆動させる0と1の羅列――である。情報は、三つの力と同じく変化をもたらす強力な力であることが証明されつつある。実際、デジタル技術は人間の本来の能力以上の認知機能を必要とする仕事を可能にするので、私たち人類の祖先が初めて火を起こすことを学んで以来、最も大きな変革をもたらした力だと言えるかもしれない。

物理学によれば、体が物体に仕事をして、つまり力を与えて一定方向に運動させるとき、物体は同時に、大きさが同じで反対方向の力を体に対して及ぼす。言い換えれば、すべての作用には、同等の反作用が伴う。テクノロジーという力が人間社会に対して作用する場面においても、まさしく同じことが言えるのである。

ロビン・フッドの帰還

1812年2月27日、第6代バイロン男爵ジョージ・ゴードン・バイロンは、初めての演説を行うべく貴族院の壇上に立っていた。数日後、彼は「ハロルド卿の巡礼（Childe Harold's Pilgrimage）」の最初の二編を発表して一時有名人になったが、それでもなお、風刺文や官能詩を手掛ける無名の三文文士のままであった（かつて彼が上流階級社会に衝撃を与え「粗悪で危険な人物」と呼ばれた頃よりはましとしても）。それはともかく、政治家としての彼の最初の演説は、とあるスキャンダラスな事件に関するものであった。

ロビン・フッドの伝説上の故郷でもあるノッティンガムは、長らく靴下の製造の中心だった。しかし、1812年の頃には、町の工場の所有者たちは熟達した職人の手作業に代えて蒸気で駆動する紡績機を導入するなど、技術革新が靴下業界を一変させていた。靴下職人たちは高度の、しかしきわめて特殊な技術をもっていたが、もはや市場はそれらの技術を必要とはしなかったのである。その結果、生活に困窮した労働者たちは、産業革命時代のロビン・フッドの再来として、想像上の人物、ネッド・ラッド（Ned Ludd）の名のもとに秘密結社をつくり上げた。彼らはラッダイト（Luddites）と名乗り、1811年11月に靴下工場に押し入って新品の機械を粉々に打ち壊した。この反乱はまもなく周囲に広がり、政府は軍隊を出動させることになった。一時は、イベリア半島でフランス軍と敵対したときよりも多くのイギリス軍兵士がラッダイトと戦った。[*4]

ジョージ・ゴードン・バイロンは、ノッティンガムシャー州に土地をもっており、その暴力と混乱について直接証言した。機械を打ち壊したことが死刑に当たるかどうかを議論するために貴族院が開かれたとき、彼は、暴徒たちは生活の糧を絶たれており、空きのある仕事はない、このような状況で非難され有罪に当たる暴動を起こすことは驚くに当たらない、とラッダイトを強く弁護した。[*5] 言い換えると、機械が職人たちの仕事を奪ったのであれば、彼らが機械を打ち壊そうと思ったことを非難はできないと断じたのである。

彼の強い主張にもかかわらず、採決は下された。数日後の3月2日、作者がジョージ・ゴードン・バイロンであることは容易にわかるのだが、『ロンドン・モーニング・クロニクル』紙は「機械破壊者処罰法案を起草する人たちへの頌歌（Ode to the Framers of the Frame Bill）」と題した匿名の詩を掲載した。その最も痛烈な一節は以下のとおりである。


人は機械よりもずっと簡単につくり出される。

靴下には人命よりもずっと高値がつけられる。

シャーウッドの絞首台は、いかに商業が栄え自由が謳歌されているかが見渡せるように高々と立てられる。[*6]

この200年間、ラッダイトは人がテクノロジーに置き換えられることへの抵抗のシンボルとなってきたが、実際にそうした置換は数多くなされてきた。トラクターの発明は人力で作業を行っていた労働者を農地から工場へと追いやった。工場の自動化は労働者を組み立てラインからビジネス街へと追いやった。カール・マルクスは労働者に対する自動化の影響について警鐘を鳴らし、ジョン・メイナード・ケインズは機械が「技術的失業」を招くと主張している。[*7]

20世紀中頃になると、機械に取って代わられるという人々の不安は、工場で働く人々だけのものではなくなった。1940～1950年代の戦後経済には人力作業から事務職や専門職への大きな転換が見られたが、早くも1964年にリンドン・B・ジョンソン大統領は、権威ある研究者の団体から、テクノロジーが人間のすべての労働の価値を失わせてしまう危惧を表明した書簡を受け取っている。*8

農場の労働者が鍬を置いて町での仕事についたとき、彼らは製造業で役立つ新しい技能を身につける必要があった。数世代後、今度は旋盤と鍛鉄を捨ててタイプライターと録音機を手にしたとき、もう一度新しい技能を身につける必要に迫られた。実際のところ、技術革新とそれに伴う社会の変化に直面したとき、人々はいつも教育を改善することで対応してきた。

進歩のエンジン

高等教育は本来、遠くから社会を映すものではない。高等教育は社会と距離を置いて存在するのではなく、布のなかの1本の糸のように、社会の構造に埋め込まれたものである。中世ヨーロッパで大学が生まれて以来、その主な目的は学生にその時代ごとの経済的・職業的役割を果たすための素養を身につけさせることである。ニコラス・コペルニクスやアイザック・ニュートンより前の時代には、大学はほぼ聖職者、法律家、教師を養成することに関わっていた。中世のイタリア、イングランド、スペインの経済界は、魂に関することがらや国に関する合意を記録に残し、財産と法令を管理できる教養ある人材を必要としていたのである。ボローニャ、オックスフォード、サラマンカの各大学はまさにそのような人材を輩出した。

１８５０年代、アメリカはおおよそ田舎で、農業中心の無学な地であった。神学者で19世紀の教養人として知られるジョン・ヘンリー・ニューマン枢機卿が言う「教養知」の養成は植民地時代に設立された大学群が提供していたが、それ以上の高等教育はアメリカでは必要なかったのである。それらの大学の目的は、どのような仕事でも信頼して任せることができ、どのようなことでも容易に身につけられる人材を養成することであった。さらにニューマンは、最も価値ある教育とは、会話ができ、聞くことができ、適切に質問することができ、邪魔にならず、臨機応変に行動するための機転をもっている人材を養成することであると信じていた。[*9] 要するに、その当時の大学は、技術的な要求度は低いが文化的に豊かな経済社会を前提とし、そのなかで成功する紳士を養成していた。

しかし、ニューマンがそのように言っていたちょうどその頃、世界は変化しつつあった。産業革命は、社会を機械と会社が主役となるものへとつくり変え、高等教育もまたつくり変えた。ジェームズ・ワットが彼のエンジンを動かして100年も経たない1862年、米議会はモリル法を成立させ、新世代の技術者を養成する大学に公用地を与えた。このときの大学の目的は、その当時の最新技術であった「農業や工業に関する学問を教えること、ただし他の科学や古典の研究、軍事戦略に関する研究は排除しない」というものだった。この目標を達成するために、ナポレオン戦争ののちに設立されたドイツの優れた研究大学を手本として、アメリカの新しいカレッジと大学がつくられた[*10]〔本書では college をカレッジ、university を大学と訳した。アメリカにおける college とは四年制学士課程の大学、university とは四年制学士課程と大学院課程をもつ大学を指す〕。

公有地の供与を受けた研究大学は、古いリベラルアーツのカリキュラムを現代言語、新しい社会科学、科学技術の発見に焦点を当てたカリキュラムへと進化させた。科学の原理を土台としつつ、実験室やレクチャーホールから、独創的な探求を行う新しい分野が生み出されていった。経済学、生物学、工学などの学問分野が互いに連携しながら、学科の規模を拡大させていった。ギリシャやローマの時代にさかのぼって知識を教授するのではなく、高等教育は新しい知識の創造に注力していった。大学は人を育てるばかりでなく、経済や社会の発展のプロセスそのものに関わるようになったのである。[*11]

経済や社会の発展に関わる人々のために、適切な学校教育が必要とされた。1830年代にはすでに、アメリカの教育者は、自国の子どもたちのための教育システムを構築すべく、そのアイディアを海外に探し、とくにプロイセン（ドイツ）を参考にした。ホーレス・マンなどの教育改革者は、自由で差別なく、宗教によらず、現代社会で良き市民となるための方法を子どもたちに教えるための学校教育を提唱した。

1848年、マンはこのプロイセンの教育モデルをマサチューセッツ州に導入し、今日まで続くK－12システム（「幼稚園（KindergartenのK）から始まり高等学校を卒業するまでの義務教育及び義務教育後中等教育期間」のことを「K－12」と呼ぶ）のほとんどの基礎がこのとき確立した。いまでこそ、それは産業経済社会の歯車の一つとして役割を果たすための大人数一斉教育、「工場モデル」として盛んに非難されているが、その当時は社会の要求に見事に応えて、アメリカの子どもたちを何世代にもわたり教育してきたのである。1940年代まで、高等教育に求められていたのは、都市中心部への人口移動と急速な仕事の機械化とを結びつけることであった。

1944年6月22日、アメリカ軍がまだオマハビーチを背に生け垣ごしの戦闘を続けていたこの日、アメリカの高等教育は重要な転換を迎えようとしていた。数百万の退役軍人が市民生活に戻ることになり、彼らを経済活動に組み込む必要があったため、米議会は、カレッジで学ぶための授業料と生活費の支援を行う復員軍人援護法（ＧＩビルとしてよく知られている）を成立させた。

このように高等教育への門戸が大きく開かれるのは、１８６０年代の大学への土地の供与以来のことであった。退役軍人がカレッジに押し寄せ、カレッジの学生数の半数以上を占めるまでになった。１９５６年までに、復員軍人援護法は２２０万人の退役軍人がカレッジで学ぶことを支援した。[*12] この大勢の新入生を収容するために、大学は急激に拡大する必要に迫られ、実際、各州の高等教育システムを拡大させるために巨額の投資を行った。そこには、新しいタイプの学校である、コミュニティカレッジの創設も含まれていた。

こうした新しい学生を受け入れることはまた、カレッジや大学が教える内容を変えることにつながった。１９４７年４月、『ライフ』誌は退役軍人の入学を巻頭記事として特集した。『ライフ』誌は、「退役軍人は、生活に余裕がなく勤勉である。多くの土地に行った経験があり、彼らに地理学などをそれ以上教えるのは難しい。彼らは迅速で実用的な教育を望んでおり、それを身につけるために最善を尽くしている」と書いた。[*13] 要するに、大学が迎えた新しい顧客は、彼らを取り巻く経済と社会を吟味し、彼らが以前与えられたものとは異なる何かを高等教育機関に求めていたのである。

第二次世界大戦は、大学の教室のなかの学生数や文化を変えてしまったのみならず、大学の研究室や研究機関を運営する方法を変えた。１９４０年、ドイツ軍がフランスに侵攻したとき、カーネギー研究所長であったヴァネヴァー・ブッシュは、国防研究委員会に向けた短い１ページの提案書をもってフランクリン・D・ルーズベルト大統領に進言した。そのアイディアとは、軍と大学との共同研究を促し、科学技術の発見に専念させることによって戦争への大学の関与を効果的に強めるというものであった。これにより連邦政府の大量の資金が投入されることになった。その資金によって、マサチューセッツ工科大学、カリフォルニア大学バークレー校、シカゴ大学などに戦時下の研究室が設立された。*14

軍と大学との協働は、よく知られているように、マンハッタン計画においてその極致に達したが、戦争の終結後もそのような共同研究が終わることはなかった。冷戦時、そしてその後も、政府の資金は大学に流れ続け、科学技術における知の創造を支え続けた。1960年代には、大学の研究開発の予算の73％を連邦政府の資金が占めていた。現在は、約60％まで下がっているが、それでもなお年間300億ドルに達している。*15 政府と大学とのこの蜜月関係は、実りあるものどころではなかった。デジタルコンピュータからジェット旅客機、ポリオワクチンに至るまで、ありとあらゆるものを世の中に生み出した。かつてないほど、大学は創造の中心となったのである。

戦争以来、大学は二つの意味で発展の駆動力となった。知の創造を通して、大学自体がテクノロジーの発展のエンジンとして機能してきた。20世紀が始まったとき、世界の人口16億人のうち86％が農地で生活し、火明かりを使って生活し、ときにその犠牲にもなっていた。*16 それが20世紀が終わるころには、世界の人口60億人の約半数が電気が行き届いた都市で生活するようになった。*17 人類は、大学の科学者によって発見された知識を使って、月の上を歩き、原子を分裂させ、都市と都市をくまなく結んだ。大学の研究室で開発された技術を使って、人類は病気を治療し自らの寿命を延ばした。政府の資金を投じて大学で開発されたネットワークによって、コンピュータどうしが通信を行うようになった。

同じくらい力強く、高等教育は個人の成長も後押しする。大学は、技術と経済が発展し、より高度な仕事を行う必要に迫られた人々に対してスキルを与える。復員軍人援護法が数百万人のアメリカ人に与えた高等教育の恩恵がまさにそれにあたる。グローバル化と自動化の最初の胎動が仕事を工場からサービス部門へと移し始めていたとき、きたるべき知識経済に向けた準備ができたのである。

高等教育の拡大と中産階級の増加とが20世紀の後半に同時に起こったのは偶然ではない。会社が複雑に進化していくなかで、人々は会計、法務、マネジメントの役割を担うためにさらにスキルを磨く必要に迫られた。大学の学位と、被雇用者として企業で昇進できることとには、明らかな結びつきがあった。実際、両者の結びつきはいまに至っても変わってはいない。「賃金プレミアム」なども呼ばれる、大卒と高卒の給与の差は１９６０年代から上がり続けており、いまでは大卒は高卒の平均８割増しの給与になっている。*18

エンジンをふかし直す

数千年のあいだ、人は土地とともに仕事をしてきた。２００年前、農作業をする人は機械――人より強く、より速く、過酷な農作業を行える――に取って代わられた。追われた一部の人々は、ある程度の教育を受ければできる仕事を覚えることによって、工業社会で仕事をし、ましな暮らしができることに気づいた。今度は彼らの子孫たちが、ルーティン作業をより効率的に行う機械に工場での仕事を明け渡す。すると工場で働いていた人々には、会社のオフィスでの仕事を得るためにさらに教育を受けることが求められた。そしてとうとう20世紀後半になると、コンピュータが人では敵わない高い効率で定型的な認知的作業を行い始め、会計オフィス、コールセンター、秘書室に入っていった。

自動化と職業の破壊のサイクルは、一般的には生活水準の向上と経済成長につながってきた。人々が機械にはできない仕事を見つけてきたからだ。しかし、機械の進化は加速し、このサイクルも速まってきている。コンピュータと機械の進化は次の段階を迎え、高いレベルの認知能力に達することで、情報に基づく意思決定を行う専門家――要するに、すべての考える人――に取って代ろうとしている。私たちはいまやニュースの記事を書き、外国語を翻訳し、顧客とにこやかに応対する機械をもっている。私たちが知っている生物のゲノム情報を編集し、私たちが知らない宇宙の生物を探索する機械を私たちは手にしている。機械は自動車を組み立て、まもなく自ら運転するだろう。ウォール街では、機械は数百人の金融アナリストを追い出そうとしており、次の10年のうちに、すべての金融に関わる労働者の3分の1から2分の1がソフトウェアに置き換えられると見積もる専門家もいる。*19 数年のうちに、虫垂炎などの手術については機械が外科医の代役を務めているかもしれない。*20

クラウドベースの情報共有ネットワークを提供するイントラリンクス（Intralinks）社のCEOで

あるスコット・セメルは、大量のリースやライセンスの同意書を確認し集約することについては機械のほうが法律家よりもはるかに優れていると述べている。「AIは同じことを繰り返し行うことができます。人は疲れるし、別の二人が同じ契約書を読むかもしれないし、そのうち一人は契約書を半分だけ読んで帰宅し、夜遅くまで外に出て、二日酔いで帰ってくるかもしれない。仕事を行ううえでの多くの不確定要素があります。大量のデータを集約して抽出するといった仕事は、機械のほうがうまく行うのです」とセメルは話す。*[21]

最近、AIの出現が経済に及ぼす影響について考察した本がいくつか刊行されている。世界経済フォーラムを設立したクラウス・シュワブが、フォーラムの2016年の年会――その議題の筆頭もまたAIであった――に先立ち、このテーマに関して一冊の本を出している。*[22] 多くの雑誌やニュースサイトは、人の仕事の終焉、新しい機械の時代の到来、人の労働の価値の下落を示唆する見出しを書き立てている。このような相当数の示唆と分析は、凶事の予言のようでもあり、もし普遍的なベーシックインカムを設立するといった極端かつ政治的な困難を伴う一歩を踏み出さねば、悲惨な結末になることを警告している。それらのほとんどは、雇用はさらに萎むと結論している。

しかし、誰もがAIを人間の労働者に対する脅威とみなしているわけではない。ロボットメーカーのアイロボット社（iRobot Corporation）のCEOで共同創業者のコリン・アングルは次のように述べている。「コンピュータが登場したとき、それは人々の仕事の方法を根本から変えると言われていました。そうはなりませんでした。たしかに、効率化には役立ちましたが、それは仕事を消滅させるよりは、もっと多くのことをする機会をつくり出したのです*[23]」。

アングルの会社は人気のロボット掃除機、ルンバをつくっている。これは時間を節約させてくれる機械であり、その意味で食器洗浄機の後継だ。アングルは、今日の新しい技術、AI、次世代機械、スーパーコンピュータは本質的には同じであると考えている。「世界は閉じたゼロサムの世界であり、それらの技術によって新しいチャンスは生まれないと考えるのは間違いです。そうした考えが、世の中の仕組みの理解としてまったく的外れなことは、歴史が証明していると思います」とアングルは述べている。

歴史的には彼は正しい。労働市場が単一の集団であるとする見方は、マルサス主義的な懸念をもたらす。獅子の分け前はロボットに食べられ、腹を空かせた人間には、つねにその残りが分け与えられることになる。しかし数世紀にわたり、富が人口過剰と崩壊につながるとするマルサスの考えは見事に間違っていることが証明されてきた。産業革命によって初めて機械が人間の代わりをするようになってからずっと、私たちは新しい産業をつくり出し、自分たちの新たな能力に目覚めてきた。同じ仕事を奪い合うのではなく、新しい仕事をつくり出してきたのである。

しかし同時に、現在のデジタル革命がこれまでの技術革新とは異質であることは明らかである。なぜなら、機械の潜在的な処理能力と知能に限界はないように思えるからだ。ある種の仕事では、認知能力において機械は人間よりも優位に立つように思える。そしてソフトウェアは安価にコピーされるため、デジタル技術の進歩は瞬く間に世界中に広まることができる。技術ライターのマーティン・フォードは次のように述べる。「ある大企業が一人の雇用者を訓練し、その雇用者のクローン集団をつくれるようになることのインパクトを想像してください。そのすべてのクローンは、訓練された雇用者の知識と経験を瞬時に獲得し、その後、学習を続け新しい状況に適応できるのです」[*24]。これが本当に技術がもたらす近未来であるなら（実際、これが実現すると信じるに足る理由は多くある）、人の仕事に対価を払われることがレアケースになる、そんな時代を生きることになるかもしれない。

労働市場に対する脅威となるのは、知能をもった機械だけではない。デジタル技術の出現によって加速したグローバル化により、ここ20〜30年のあいだに10億人が世界経済に新たに加わった[*25]。デジタル技術の出現の影響は、とくに製造業において激しく表れた。２０００年には、１７００万人がアメリカで製造業の職を得ていたが[*26]、現在は１２００万人になっている[*27]。海外に移されたそれらの仕事の多くは、中程度あるいはより低いスキルの職種に与えられており、それらはいままさに自動化の脅威にもさらされている。同時に、デジタル経済は、アメリカで失われた職を直接に補てんしていない。フェイスブックなどの企業は、10億人のデイリーアクティブユーザーを獲得しているが、従業員は１万４４９５人しかいない[*28]。ツイッター社は全世界でわずか３８６０人しか雇用していない[*29]。

世界経済は息切れし、その絶え間ない拡大は失速しつつある兆候がある。３ＤプリンターやＩoＴなどの技術の進展は、サプライチェーンのコストを下げ、国内生産への回帰につながるかもしれない。もしそうなれば、製造に関するあらゆる仕事は低いスキルの労働者には与えられず、そのような仕事につくためには高いレベルの教育と技術についての知識が求められる。大学にとって、このような状況は、学習者の生涯の就業期間にわたって教育を提供する大きな機会となる。学習者にとっては、機械との差別化は、教育を受ける差し迫った理由となる。そして、機械の創造性と柔軟な思考が私たちを凌ぐほどに進化しない限りは、私たちにとって最も強力かつ固有のスキルとは創造力になるだろう。したがって、それを伸ばせる教育が必要となる。今後の仕事の予測しにくさを考慮すれば、なおさらだ。

２００７年に世界的景気後退に襲われたとき、アメリカでは過去の不況時よりも多くの人が長期にわたり失業した。２０１４年中ごろにようやく雇用率は以前の水準に戻り、雇用者数も回復してきたが、その職種は以前と同じものではなかった。新しい仕事の多くは、高度の訓練を要する高賃金の専門職か、あるいは低賃金のパートタイムかのどちらかであった。[*30] このような雇用の二極化を前に、アマゾン・メカニカル・タークなどの新技術やウーバーなどのアプリケーションを活用し、フリーランスとしていわゆる「ギグエコノミー」〔インターネットを介した仕事の発注・受注によって成り立つ経済のこと〕に参画することを選ぶ人たちも現れてきた。

理論的には、ギグエコノミーは人々に自主性と、投資した時間に見合った収入を得る自由とをもたらす。いくつかの調査研究によれば、柔軟さと仕事と生活とのバランスの観点からフリーランスの仕事を好む人が多い。たとえば、ある調査では、独立して働きたいかという質問に対し、回答者の86％が「少しはそう思う」と答えている。[*31]

しかし、アナリストたちによれば、このような新しい労働形態をとっている人たちの多くは、副収入程度しか得ていない。それらの労働形態は、彼らを十分に支えるまでには至っていない。[*32] さらに、ギグエコノミーに関わる人々には、給与労働者のような安定性がなく、彼らの多くが行う車の運転やルーティン的な作業といった仕事の多くは、自動運転車を見れば明らかなように、近い将来間違いなく自動化によって最も影響を受ける仕事なのだ。[*33]

だからこそ、過去に、テクノロジーの発展によって経済的窮地に立たされた人々が教育に救いを求めたのと同じように、いまこそ、もう一度大学に戻る好機なのである。

教育による修正

過去においては、教育が機械に取って代わられることに対する最善の対策となってきた。職を失った織工は機械の操作を学ぶことができた。取って代わられた機械工は、工学あるいは管理事務を学べばよかった。このような上向きのキャリアパスはつねに開かれていた。なぜなら、低スキルの仕事がなくなると同時に、経済はより複雑になり、そしてそれを支える仕事もまたより複雑になっていったからである。より高いスキルはより高い報酬を求めた。このようなダイナミクスは知能機械の時代においてもなお見られる。違うのは、技術の爆発的な発展のために教育への傾倒がより激しくなっていることであり、大学は拡大する学習の需要に向き合う責務を負っている。

20～30年前までは、学士の学位を得るために4年間を費やし、その後は安定した中間層の職を得て一生暮らせると期待できた。しかしいまはそうではない。自動化やグローバル化による圧力、仕事内容の高度化により、学士卒の給料は上がっていない。[*34] カレッジで教育を受けた専門職の人々は、高校卒業者よりも大幅な賃金の割り増しを受けているが、ルーティンワークの価値が低下したため、彼らの給料は以前ほど速く上がることはない。カレッジで教育を受けた人が、その能力を生かせないような低スキル労働につけば、より教育を受けていない労働者に対する抑圧となり、彼らの賃金をさらに押し下げることになる。

労働市場で最も高い価値を与えられる労働者は、学士より上の学位をもった人々、とくにバイオインフォマティクスやサイバーセキュリティなど高度に技術的な分野で知能機械を駆使して仕事ができる人々である。こうした状況に対応し、人々は大学院の講義を受けにいく。2000年から2010年までに、アメリカでは学士取得後の進学は36%伸びており、2014年から2025年までに、さらに21%増え、350万人になるとの予測もある。[*35]

しかし、高スキルを要する仕事をする機械が、今後どんどん改良されていくだろうという事実は残る。そのため、多くの人々は、仕事を奪うロボットよりも優位に立つためには、つねにスキルを上げ、それを維持できるように生涯にわたって教育が関わる必要があると考え始めている。たとえばコーディング・ブートキャンプ（coding boot camps）はカレッジを卒業した人々から高い人気を得ており、2014年だけで受講生が138%上昇している。[*36]それでも、ニューラルネットワークが自らを容易にプログラムするようになる日が――自動運転車がギグエコノミーからウーバードライバーをはじき出すのを手始めに――そう遠くないうちに訪れるかもしれない。[*37]

ウーバードライバーが将来見舞われるであろう苦難は、他の多くの労働者も同じく経験するだろう。しかし当分のあいだ、生涯教育は持続的、強固、かつ有利な仕事を約束してくれる最も確かな答えなのである。しかし、その教育の形態と内容は、私たちが過去の経験から期待するとおりのものではないかもしれない。実際のところ、真に有益な生涯教育は既存のいかなる形態、内容とも異なるものかもしれない。

違う考え方をする

私たちの先祖が石炭を運搬することにおいて鉄道に敵わなかったのと同様に、私たちは圧倒的な知能と計算能力をもって思考する機械に太刀打ちできない。1996年、ガルリ・カスパロフはチェスを指すIBMのスーパーコンピュータ、ディープ・ブルーを打ち負かすことができなかったが、それから20年、コンピュータは指数関数的に処理能力を高めている。だからこそ、今日最も役に立つ教育とは、単にチェスの動きを予測したり石炭の荷を引っ張ることを人々に教えたりするものではなく、人々に機械ができないことを教える教育であるはずだ。これは、機械の集団には真似できないような考え方を、人々に教育するということだ。

これまでは、機械よりも優位に立つためには、より上位の教育が必要だった。教科書が読めれば、織機を操作できる。高校を卒業していれば、生涯工場で働ける。学士の学位は、マネージャーの下で働くには十分なものだった。経営学の修士号や法律学の学位は、重役あるいは管理職への扉を開くものだった。今日成功している技術者の、リンクトイン(LinkedIn)上のプロフィールを見てほしい。彼らの多くは情報工学あるいはプロジェクトマネジメントの修士号をもっていることがわかる。しかし、機械は急速に賢くなっているため、もはや教育の量を増やすだけでは、そのペースに追いつけない。

また、いま現在雇用者が求めている内容の教育をすればよい、ということでもない。知識を与えることは、昔からつねに高等教育の基本的な目的の一つであったが、知能をもつ機械は単に物事について知っていることの優位性をなくしてしまった。情報はいまや瞬時に、どこででも、そして無料で手に入れることができる。したがって、私たちは生涯にわたって人々に教え、機械ができないような才能を伸ばす教育を必要としているのである。

ここで一つの疑問が生じる。人間だけが得意なこととは何だろうか。他の動物と違って、私たちは巨大な脳をもち、研磨した石やキーボードを器用に操作する技をもっている。しかし、過去の経済的時代とは異なり、もはや比較すべきは他の動物ではない。ロボットや進化した機械は、人間の最も顕著な進化上の強みにおいても私たちを凌ぎ、認知力、正確さ、力のどれにおいても超えていくだろう。しかし、人間はまた最も社会性のある動物として進化してきた。私たちは生き延びるために、家族や民族といった社会的なつながりとともに、学習した知識を身に刻み込むこと、すなわち教育を必要としてきた。中国語を話すこと、カモシカを捕らえること、あるいは自転車に乗ることを学ぶ能力など、柔軟な認知能力はおそらく、私たちの種がもつ最も優れた生存スキルである。幼いときは、私たちはほとんど何でも学習し、どのような文化の環境にも適応することができるのである。

私たちの社会性に由来するもう一つの能力は、歴史学者ユヴァル・ノア・ハラリがルイス・キャロルの作品から借用して「朝食の前に六つのありえないことを信じる能力」[*38]と呼んでいるものだ。

私たちは、社会的なフィクションや抽象的な概念（お金など）を発明し、広め、受け入れることができ、それにより、私たちは一体となり大勢で仕事を行えるようになる。このような能力は、他の動物の社会性をはるかに超えるものだ。神話、宗教、思想もそうしたフィクションだし、人権、市場経済、国民性といった概念も含まれる。このようなフィクションのもつ特異な力は、遺伝的あるいは物理的集団よりもはるかに大きな集団――それ自体が抽象概念であるほど大きな集団――での協調を可能にすることである。[*39]

要するに、私たちは想像できるように進化してきた。あるいは創造できるように。他の動物は問題を解決するために知能を使う。カラスは森から虫を追い出すための道具をつくるし、ラッコは貝を割るために石を使う。しかし、人間だけが想像上の物語をつくり、芸術作品を生み出し、観察された現象を説明する理論を注意深く組み立てることができる。人間だけが月を見て、そこに女神を見出し、あるいは人類にとっての偉大な第一歩であると言いながら月の表面に足を踏み入れることができるのである。柔軟性と結びついた創造性という能力によって、私たちは地球上で最も成功した種となった。[*40] 柔軟性と創造性は、今後も、経済のなかで自立した個人として存在することの基盤であり続けるだろう。分野や専門を問わず、人間が行う最も重要な仕事は創造的な仕事である。大学は、それができるようにするためにあるのだ。

高等教育は、これまでもそうであったように、社会のなかで積極的に役割を担って生きていけるよう人々に準備をさせるという重要な使命をもっている。しかしこれまで同様、高等教育は社会の要求を反映したものでなければならない。社会はますます、創造的かつ柔軟に考える能力、つまり機械とは異なった考え方ができる卒業生を求めている。大学はすでに、このような考え方を教えるためのきわめて強力なシステムをもっている。本章で見てきたように、すでに数十年にもわたり、カレッジと大学は創造の中心として機能してきた。何世代にもわたり、大学での研究は知を創造しそれを実際の問題解決に適用することによって、社会と経済の発展を牽引してきた。それが、高等教育機関が非常に得意とすることなのである。したがって、高等教育機関は本来、研究というミッションで培われた創造性を教育のミッションへと転用し、学生が新しい知を生み出す能力を養うことができる理想的な場所なのである。

ロボット、ＡＩ、知能機械によってもたらされた経済的社会的な困難に打ち勝つために、高等教育は変化し続けなければならない。私たちは、21世紀の最初の10年に行ったのと同じ教育を行うわけにはいかない。しかし、私たちの目標が、次の世代の人々がデジタル経済で仕事をするために本来もっている能力を引き出すことならば、大学も自らスキルを更新しなければならない。明日の仕事を求める学生と労働者を訓練できるように、大学は適応しなければならない。

この適応が具体的に何を意味するかは、明日の仕事の内容に大いに依存する。次の章で示すように、それを知るには、現代の管理職やＣＥＯに聞くのが最善である。

第2章 経営幹部からの視点：雇用者は何を求めているか

マサチューセッツ州のウエストウッドという町は、ボストンを囲むI-95州間高速道路の南端の緑豊かな郊外に位置する。木陰の多い道路、手入れされた芝生、町のスポーツチームを応援するバンパーステッカーが貼られたミニバンが織りなす閑静なウエストウッドは、州内の最も住みやすい町の一つとしてよく紹介されている。中産階級の価値観、体裁、所得が凝縮された、アメリカの社会経済の繁栄の象徴のような、労働者のための町と言える。そして、高速道路と鉄道に隣接して新しく建設されたショッピングモールのなかに、13万平方フィートの広さをもつ大型小売店のターゲット（Target）がある。

壁やロゴの鮮やかな赤色が印象的なターゲットは、グローバル経済の象徴とも言える大型小売店である。一つの建物のなかで、ベビー服、家具、処方薬など、21世紀のアメリカの日常生活に必要なものすべてが売られている。そして最も重要なのはこれらが非常に安価で売られていることである。アメリカ人はターゲットに行けば服もテレビも低価格で購入できる。安価での提供が可能なのは、この店が全世界を覆うサプライチェーンの終着点に位置しているからだ。ターゲットのレジ打ちで時給11ドルを稼ぐ若者は、中国の深川で日給17ドルの従業員がつくる携帯電話をもち、[*1] 最低賃金が月給68ドルのバングラデシュでつくられた服を身につけている。[*2] 私たちは皆、消費経済のなかの消費者であり、資金調達、設計、生産、輸送、マーケティング、消費などからなる複雑なネットワークの一部である。

この安価な消費は良いことばかりではない。ターゲットの駐車場で見られるあふれんばかりのショッピングカートや大量の日本車からは信じられないが、アメリカ人の3分の1以上がグローバル化は不要であると考えている。[*3] アメリカ国境の壁の建設提案や、英国のＥＵ離脱など、世界経済に対する反発は最近の外交政策に対する不信感の表れである。こうした反発は、「グローバルエリート層」に対するポピュリスト的な怒りにつながり、現代の政治・経済の秩序を乱している。

アメリカでは、そうした怒りの原因の大部分が、中産階級の消滅にある。かつてはアメリカの大多数の世帯が中産階級であったが、いまや低所得世帯や高所得世帯のほうが多くなっている。この二極化はアメリカの世論調査機関であるピューセンター（Pew Center）が「転換点《ティッピングポイント》（後戻りできない点）」と呼ぶ地点にまで経済と社会を推し進めてしまった。[*4] 過去の調査では、所得の分布は中央が分厚い形のつぼ型だったが、近年の調査では砂時計型になっている。２０１５年のアメリカでは、所得上位10％の人が全人口の総所得の半分以上を占めている。さらに、上位の１％（平均１４０万ドルを稼ぐ層）だけで総所得の22％を独占している。[*5] 富裕層の収入は増えているが、より多くの人が貧困層となっている。１９７１年以来、低所得世帯の成人人口は25％から29％に上昇した。[*6] このような所得格差は、現代のアメリカでの生活を特徴づける要素の一つとなっている。

しかし、グローバル化のみがその要因ではない。２０００年代後半から２０１０年代初頭までのあいだに見られた大規模な経済的衰退の時期には、労働組合の力の低下、そして自動化、それらすべてが中産階級に襲いかかったのだ。ピューセンターによれば、今日の中産階級は、アメリカ人の中央値の3分の2から2倍の収入を得ている世帯である。2014年で言えば、3人家族の世帯で毎年4万2000ドル〜12万6000ドルを稼ぐ世帯のことである。[*7]かつては中所得の職業を多く提供していた製造業は、多くが縮小している。サービス業がそれに取って代わったが、昔と比べて低賃金で利益の少ない仕事も多い。

たとえば、米国労働統計局に掲載されている、急成長している上位30の職種のリストを見ると、中所得と言える収入があるのは12職種しかない。そこには、コンピュータソフトウェアやシステムソフトウェアのエンジニア、データベース管理者、コンピュータ・システム・アナリスト、ネットワーク・システム・アナリストのような技術職の名前がいくつもある。しかし、市場が拡大している在宅介護や訪問介護の仕事の大半は、中所得とは大きく離れた賃金となっている。[*8]また、ギグエコノミー——インターネットを通じて単発の仕事を受注する働き方——によって、フリーランスによる仕事が増えているが、ほとんどの家庭にとって、複雑な雇用形態を行き来しながら何とかしのぐというのは、望ましいことではない。

中所得の仕事を得られるか、低所得の仕事にしかつけないかを分けるのは、主に個人の能力による部分が大きい。中所得の職業の大半を大卒者が占めるという、グローバル経済が始まって以来の傾向は、ますます強まっている。1980年以降、高卒以上を要求する仕事は68%まで増加している。[*9]これは、訓練や教育を必要としない職種と比べて倍以上となっている。端的に言えば、高所得層は言うに及ばず、中産階級でい続けるためにも、アメリカ人はますます多くの知識を身につけることが必要となるのである。

しかし、ロボットや高度な機械の台頭によって、これまでの歴史により証明されているこの前提すら変わるだろう。これまでは技術の進歩によって仕事がなくなったとしても、新しい仕事が登場した。仕事を辞めることとなった人も、職業訓練を受け、それまでの職で求められていた以上の知識を得ることで新しい職につくことができた。しかし、現代においては高度な機械が導入されることで、知識と労働市場におけるその価値の関係が大きく崩れている。経理や法務のような、知識を必要とする業種ではとくに機械の影響を受けている。これまであった仕事の一部はギグエコノミーに変わり、これからのデジタル時代においては、高給な仕事や名誉のある仕事も安定とは言えなくなるだろう。

コンピュータ、ソフトウェア、アルゴリズムがますます重要となる世界では、これらの分野の知識をもつ人材には依然として需要がある。たとえば、最近行われたフェイスブックによる求人イベントでは、どのような人材が求められているかが明確だった。最適化、アルゴリズム、データの取り込みについて説明され、配られたパンフレットには、「求められている人材：コンピュータサイエンス（または関連科目）を学んでいる学士、修士、博士課程学生」と記載されていた。

フェイスブックの担当者の一人は「データの扱い方と分析に自信があれば誰でも応募できますが、プログラミングの経験があればよりよいでしょう」と説明した。

別の担当者は、「これは、これからの世界を変える仕事です」と付け加えている。

このような状況はハイテク関連科目を勉強している大学生や、その分野で働いている人にとっては良い状況だろう。しかし、そのような技術をもたない人が経済的に困窮する可能性もはらんでいる。自動化が進んだ世界では、そうした人々はこのイベントでリクルーティングされた学生たちとは違い、これからの世界の変化に関わることはできなくなってしまうのではないだろうか。

必ずしもそうではない。雇用者に聞き取りを行った2016年の調査によると、最近の大学卒業生に最も要求されるスキルに、「リーダーシップ」が挙げられている。回答者の80％以上がリーダーシップを応募者の履歴書で確認すると答え、「チームで働く力」(79％)がそれに次いだ。[*10] これは実世界での他者との協働によって身につく社会的スキルである。また、よほどのこと――誰かが、ウィンストン・チャーチル並みの指導力やジェームズ・マディソン並みの調整能力をもつコンピュータをつくるなど――がなければ自動化の影響も受けにくい。さらに読み書きによるコミュニケーションスキルや課題解決能力など、専門教育よりも教養教育によって身につくと考えられているスキルがその次に高かった(70％)。興味深いことに、専門的能力は中ほどの順位であり、仕事に対する倫理観や独創力よりも低かった。

しかし同時に、雇用者を対象とした多くの調査は、労働者に対する批判的な見方に偏る傾向がある。たとえば、多くの企業は、急速に変化する現代の労働環境に対応するための教育が不足していることを挙げる。[*11] 一部の専門家は、これを根拠のない考え方として批判し、賃金の中央値が上向かないのは、労働市場が「買い手市場」である証拠であり、雇用者は才能ある人材を雇うために賃金を上げる必要性を感じていないのだと主張する。しかし、それは中央値的な労働者がもっているスキルへの需要が低迷していることの証明にほかならない。高い賃金を得ている人は、それに見合ったスキルを身につけているのである。事実、1980年代以降、上位10%の所得を稼ぐ人々の賃金は、中央値に近い人々の賃金に比べて急激に上昇している。[*12] また、給与以外においても、官民を問わずやりがいがあって創造的な仕事につけるのは、最も能力のある者の特権である。

一方、砂時計のグラフの下側ではいつも門戸が開かれている。ウエストウッドのターゲットの店舗入り口にも、買い物客に向けて求人情報の掲示板が置いてある。顧客対応の仕事は、いつでも求人中である。

機械と共に働く

2016年後半には、アメリカの国家科学技術会議において、「人工知能の未来に備えて」と題したレポートが発表された。このレポートでは、「ますます多くの仕事で機械が人間を超える可能性」について、58ページにわたって報告している。[*13]「ディストピア的な見通しが実現すれば、機械は人間の能力や理解・制御を超えることになる。超知能機械が人類の重要なシステムを制御することになれば、大混乱を招く可能性があり、もはや人間は機械を制御することはできず、最悪の場合は人類が滅亡してしまう可能性がある」と言う。[*14]

このレポートはAIが現代社会に及ぼす影響は甚大だとしている。とくにAIが今後すぐに導入される仕事についている人は大きな影響を受ける。AIは最終的にアメリカ経済を拡大させると予想する一方、レポートは「ＡＩによって一部の仕事はなくなるか賃金が下がる可能性がある（…）そのため、ＡＩによる自動化によって、高等教育を受けている者とそうでない者との賃金格差が拡大し、貧富の差が拡大する可能性がある」と報告し、この問題についてはさらなる検討が必要であると結んでいる。

科学技術によって職場がどのように変化するか調査すると、自動化とは無関係であるとされてきた分野でさえも変化が見られていることがわかる。たとえば、銀行では現在、帳簿ではなく複雑なコンピュータモデルが用いられている。アメリカ最大の銀行の一つであるウェルズ・ファーゴの副社長であるデイヴィッド・ジュリアンは、「われわれは業務管理に必要な多数のシステムを活用しています。数百万件のローンを扱っており、システムを用いてその利子の計算を行わなければなりません」[*15]と説明している。また、「より高度なレベルでは、人間では対応しきれない量のデータを用いて、10年先の住宅市場の予測をするコンピュータモデルもあります」とも話した。

実際、現代の銀行では窓口での出納係や会計係は必要ない。代わりにエンジニアやデータサイエンティストが必要となっている。彼らは複雑なコンピュータシステムを構築し、テストするためにもそのメカニズムを理解しなくてはならない。ジュリアンは、「システムに入力するデータや、システムが返すデータのテストは簡単です。しかし、ブラックボックスの試験は簡単ではありません。そして、ブラックボックスに頼る度合いはますます高まっています。そこで、箱を開けてその中身がちゃんと動作しているかを理解できる人材が求められ、そのような人材を増やしています」と話す。

こういったスキルはフェイスブックへ応募する人の履歴書にはよく見られるものだろう。ジュリアンは自社の求人について「数学と工学の両方の専攻の学生を求めています。モデルの構築ができる人材が必要ですが、数学を専攻している人は、より重要な、データどうしの関係性に気づく力に長けています」と語っている。

このようなコンピュータシステムへの移行によって、銀行どうしが優秀な人材を取り合っている。ジュリアンのリスク管理チームでは、従業員が3年間で550人から950人に増えた。彼は毎年100~200人の雇用を予定している。「彼らは非常に重要な人材です。コンピュータの専門家はいま、金融機関のロックスターとも言えるのです」と言う。

おそらく最も急成長しているのは、すでにウォール街のアナリストやトレーダーに取って代わってソフトウェアの設計をしている技術者たちだろう。たとえば、2016年の『ニューヨーク・タイムズ』の記事では、膨大な数のデータを利用して投資について分析し予測するソフトウェア会社であるケンショー（Kensho）について紹介している。*16 これは、人間が行うよりも速く正確で、多くの投資家たちがこれを利用して裕福になっている。仕事がなくなってしまった銀行家たちとは対照的である。

ジュリアンによると、それにもかかわらず、アメリカの銀行が求める技術力のある人材の供給は需要に追いついていない。ウェルズ・ファーゴ銀行は世界中で積極的に募集している。「弊社だけが世界で募集をしているわけではありません。これまでのフィリピンに拠点に加え、今後インドにも拠点を置こうと考えています。そして、優秀な人材をつれてきたいと思っています」。

法律関連のテクノロジー企業であるイントラリンクス（Intralinks）社ＣＥＯのスコット・セメルは、法律業界――一見、最もロボットに仕事を取られにくそうな業界だ――においても似たような変化を感じている。過去10年ほど、法律事務所は仕事の多く（調査、事実チェック、引用の相互参照など）を伝統的に法律に強いインドなどの国に外部委託している。しかし、最近ではこれらの仕事はＡＩによって行われている。セメルによると、たとえば、現在では企業買収の際、多くの顧問弁護士が買収先の収益の調査の正確性をＡＩによって検証している。企業収入の二重チェックという面倒な作業の80％をソフトウェアが行い、弁護士は残りの20％の抽出検査を行う。セメルは「ＡＩを使うことで、大勢の委託弁護士を雇わないとできなかったチェック作業が可能となりました。ＡＩは非常に良い仕事をするので、簡単な法律の仕事をしている人は注意が必要でしょう」と述べている。[*17]

ＡＩが導入されるまで、法律事務所のクライアントは、手紙や電子メールを読み込む調査に対して、大勢の委託弁護士に多額の報酬を払ってきた。「若い弁護士が勤勉に大変なチェック作業をこなさなくてはなりませんでした」とセメルは語っている。しかし現在では、サーチエンジンが活用されている。「誰も何百万もの書類を読むために弁護士に報酬を支払いたくはありません。いまはキーワードを検索するだけでよいのです」。

しかし、キーワード検索による仕事にも良し悪しがある。アメリカの大手法律事務所フォーリー・ホーグのパートナー弁護士であるジョー・バジルによると、検索する単語によって大きく結果が変わり、使用者自身の言語能力、分析能力、そして法律に関する理解力が必要となっている。「検索結果からつながりをうまく見つけられない弁護士は、不十分な仕事しかできないでしょう。

判例をたくさん見つけられても、大事なものを見落としてしまうからです」。今日の弁護士であっても、法的原則を理解し、類似の判例を参考にして分析を行い、そして助言を行う必要がある。簡潔に言うと、彼らは適切な判断を行わなければならないのだ。

こうしたことから、セメルやバジルは、法律事務所は経験を積んだ弁護士による高度なアドバイスに多くを負うようになっていると考えている。「経験があり、適切に判断を下せる事務所は評価されます」とセメルは述べている。弁護士は日常の雑務をしなくてよくなり、より複雑で経験が必要な有意義な仕事に取り組むことができる。経験豊富な弁護士にとって、これは非常にありがたい。しかし、新人は、通るべき実践の場を失い、経験と知識を得る機会がなくなってしまう。大学を卒業したばかりの人からすると、さまざまな経験の機会をいきなり閉じられたように感じるかもしれない。

このような変化による最も大きな影響は、専門職である弁護士に対しての報酬を下げようとする圧力が生じたことだ。「法律事務所には依然として多くの人が勤めています」とセメルは述べる。「問題となるのは、彼らがどれほどのものを生み出しているかです。おそらく、法律事務所で働くことが16万ドルを生み出すわけではないでしょう。これは医学の世界でも起こっていることです」。経済に関わるあらゆることの例にたがわず、これは需要と供給に関する問題である。自動化による仕事の効率化の影響で、簡単な法律の仕事はより安価でこなせるようになった。その一方で、経験豊富な弁護士に法律顧問を頼むには、依然として高額な報酬が必要となる。したがって、機械がより賢い法律的アドバイスができるようになるまでは、依然として高水準の法律の仕事には需要があり、それを実行できる人は十分な報酬を受け取ることができるだろう。

法律のように、これまでは科学技術と無関係と思われてきた他の分野の職業でも、その影響を感じるようになっている。たとえば、今日のメディア、広告会社、マーケティング会社は、より多くの人の目にコンテンツが届くよう、ビッグデータやソフトウェアを活用している。「メディア業界はいまやロボットによって動いているとも言えます。コンピュータによって分析し、ターゲティングを行うのです」と、広告・マーケティング業界の大手ヤング&ルビカムの副社長であるグラント・セロンは語っている。[*18]

ヤング&ルビカムのグローバル人事担当部長のウィリアム・マンフレディによると、現在のマーケティングの仕事はデータ分析へと変貌している。「人間の行動について、データから何を読み取るかということです。どんな洞察が得られ、その周りにどんなアイディアがあり、どのチャンネルでそれを実現できるか、といったことです」と話している。[*19]

ますます自動化の流れは進んでいる。「人間の思考は、自動化された空間に集まるようになってきています」とセロンは言う。端末をタップするとき、人は何を見るかをコントロールすることができない。端末は、購入履歴や住所などを含む、ユーザーについての多種多様なデータをもっており、それに応じてユーザーが見たいものを瞬時に選ぶことができる。「何かを創造することと、それを画面に表示してみせることのギャップは技術によって少しずつなくなっています」と彼は語っている。

「これはもはや科学の領域です」とマンフレディも同意する。「そして、このような情勢を見通せる人がこれからのビジネスの主役となるでしょう」。

システムと共に働く

法律や広告の分野とは異なり、重工業のような工業分野ではすべてのレベルにおいて自動化の影響を受けるように思えるかもしれない。ピート・マケイブはゼネラル・エレクトリック・トランスポーテーションのグローバルサービス部門の部長を務めたとき、輸送用の重機械（鉄道用の大型エンジンなど）を製造、配備、管理するこの有名な多国籍企業の支店のサービス部門を担当した。そこでは、複雑なソフトウェアを用いた仕事が多かった。たとえば、彼の部門は800マイルの長さの単線鉄道を、最適な輸送時間で動くよう管理していた。「複雑なアルゴリズムを用いて、速度を10％速くしたり、スケジュールどおりに輸送されるよう改善したりしました。小さな鉄道会社であっても、時速1マイル速くなるだけで2億ドルの利益にもなります。大きな鉄道会社だと4～5億ドルにも上るでしょう」とマケイブは語る。*20

最近の数十年で、GE（ゼネラル・エレクトリック）のような大企業はビジネス戦略をハードウェアからソフトウェアに移している。鉄道やジェットエンジンやタービンの販売ではなく、それらを監視し、検査し、パフォーマンスを最適化することで収入を得るようになった。マケイブは病院のCTスキャナの例を挙げた。「以前は精巧なサプライチェーンがあり、さまざまなトラブルに対応できる人材がいました。機器が壊れたときには対応可能な人が派遣され、故障箇所を判断して部品を交換し、機器の修理をしてくれました」。

それは診断ソフトウェアの登場前の話だ。現在では、「GEの運営はNASAのコントロールセンターのようです」とマケイブは言う。ウィスコンシン州のワウケシャに設置された部屋では、いつでも異変に対応できるように、技術者がつねに監視している。標準値からの外れを検知した場合には、アルゴリズムが他の変数と照合して異常が発生したかを調べる。そして、機械が故障する前に問題を解決できるよう、ソフトウェアを調整する。つまり、マケイブは、「うまくいけば予定外の機械の停止時間をゼロにすることができます」と話す。つまり、現在のGEは機械の販売や部品交換ではなく、膨大なデータを用いて製品を稼働し続けることによって売上を伸ばしているのだ。

ハードウェア重視からソフトウェア重視に変わったことで、コストが削減され作業が効率化した。また、従業員に求められるスキルも変わった。「これまでは、専門学校で習うような電子工学、機械工学、空調工学などの教育を受けている人がほとんどでした」とマケイブは語る。「現場で故障箇所を判断して、修理できる人々です」。しかし、現在ではデータサイエンティストや、ソフトウェアプログラマーを採用するようになり、「1990年代や2000年頃には一人もいなかったソフトウェアチームは、現在は200人の規模となっています」と言う。

それでも、マケイブはこのような200人のソフトウェアの専門家が必要とするスキルはC++などのプログラミング言語を使いこなせる技術だけではないと話している。データサイエンスのような需要の高い分野の専門知識をもっていても、それだけでは十分ではない。マケイブによれば、「これからは、成果を根本的に左右するのは――製造業における生産性向上であれ、ヘルスケア部門であれ——システムに関する問題でしょう。それが、すべての個別の問題をつなぐ結節点になるのです。私たちは個々の問題についてはかなりの最適化を行ってきました。それらにも改善の余地はつねにありますが、点を線でつなぎ始めるとき、爆発的な価値が生まれるのです」。

たとえば、GEは最近「強風による脱線事故」の問題に取り組んだ。ロッキー山脈の東の大草原地帯であるグレートプレーンズでは、猛烈な風が真横から車両を襲ってくることがある。この風により人々の安全や環境にも影響が生じ、スケジュールが崩れ、会社の評判は損なわれ、利益も失われてしまう。しかしマケイブは、GEの電力事業が暴風による倒木を予測し、あらかじめ電力会社が修理トラックを配備できるようにしたモデルがあることを知っていた。このモデルを利用して、風速計がないネブラスカ州の荒野において、暴風による脱線を予測するというアイディアを実行に移したのである。

「90日あればプロトタイプをつくって試験を行い、実用性を検証できるだろう、と私たちは公言しました」とマケイブは語る。ソフトウェアエンジニアは、アプリケーションの作成とシステムの中心となるインタフェースをつくり始めた。データサイエンティストは風速を調べた。「こんなことは、それまで誰も考えつかなかったことで、一つの機能や、一つの職種だけでは解決できなかったでしょう。ソフトウェアの担当者だけは無理だったと思います。まさに分野を超えた試みでした」。

このようなシステムの運用を統括するため、マケイブはつねに全体を指揮できる——彼が「クォーターバック」と呼ぶ——人材を探していた。「エンジニア、ソフトウェア担当者、データサイエンティストを見つけることはできます」と彼は言う。しかし、全員で同じ認識をもって仕事に取り組めるように、専門家だらけのチームをまとめあげられる人材はなかなかいない。「技術力に長け、チームの統括もできる人材が10人採用できるなら、指を1本差し出しても惜しくないくらいです」とマケイブは語る。

全体を見通す思考はあらゆる複雑な仕事において重要である。飛行機のエンジンを例に考えてみよう。アメリカの航空機エンジンメーカーであるGEアビエーションの品質管理およびコンプライアンス部門のアンドレア・コックスによると、エンジンは5000から1万の部品でつくられており、一人のエンジニアが「5~100個の部品に関わって」いる。[*21] これまでは、材料の担当者が材料の特性を、製造担当者が製造方法を、技術担当者が動作原理を理解しているだけで十分だった。また、設計担当者だけが個々の部品にどのような役割があり、それらの部品によってどのようなモジュールがつくられ、そのモジュールがエンジンにどのように組み込まれ、そのエンジンが航空機にどのように組み込まれるかを理解していた。同様に、技術担当部長が、どのエンジンが顧客のリクエストに合致するかを理解し、企業戦略上の製品の役割、今後どのように販売を推進していくかを理解していればよかった。

しかし、デジタル時代の到来によって、膨大な数のデータが分析されるようになり、飛行機のエンジンシステムに関しても多量の情報が蓄積されるようになった。蓄積された航空機のエンジンに関するデータを利用することで、暑さ、砂埃、寒さ、雨などの使用環境を考慮したうえで、エンジニアは個々の部品に今後どのような対応が必要か予測できる。「これまでのように『エンジンの寿命は3000時間です』などと言う代わりに、これからは『Aの飛行機なら4000時間飛べるが、Bの飛行機だと2500時間の寿命になります』と言えるようになります」。問題が生じてから対応するのではなく、問題が生じる前に予測できることがエンジニアには求められている。彼らには製品全体からデータを得て、より良い対応をすることが期待されている。

「期待されているのは、その部品を全体像で見ることです。その部品はやがてどう変化し、顧客がどのように感じるのか。どのようにデータを活用すれば、顧客にとってより良い製品にできるか、といったことです」とコックスは述べる。このような全体を見渡す思考は、企業にとっては非常に重要だ。それは、あらゆる企業の管理職に求められる能力でもある。

アイディアと共に働く

今後ますます、職域を超えたマネジメント能力は新卒採用レベルでも必要となってくる。グーグルなどの一部の企業では、それは採用の基準ともなっている。グーグル社のエンジニアリング・ディレクターであり、マサチューセッツ州ケンブリッジにある同社オフィスの現場リーダーであるスティーブ・ヴィンターは、「グーグルの採用面接で聞くのは、職種への適性ではないのです」と語る。ヴィンターによれば、グーグルが採用したいのはジェネラリストである。グーグルの採用面接では、特定分野の知識ではなく、幅広い課題に対しての対応力を測るような質問をする。「重要なのは、どのように考え、どのように課題を分析し、どのようにアルゴリズムを開発し、そのアルゴリズムの検証をどのように行うかです」[22]。このような質問に対する口頭での回答でわかることは限定されるため、グーグルの求人では、複合的な課題探求活動によって応募者をテストする。この採用システムの目的の一つは、応募者の好奇心、イノベーションのチャンスを察知する能力、そして他者と共生する能力について見ることである。つまりこの面接では、採用された場合に応募者が行う仕事を再現しているのだ。

しかし、応募者はまずヴィンターが「応用力と基礎力」と呼ぶ応用科学の知識と判断力を示す必要がある。応用力は、これまでに身につけた課題解決能力のことである。たとえばヴィンターは次のように述べている。「問題を解決するためのアルゴリズムを説明できること。そのために、信頼性のあるシンプルで明快で正しいコードを書けること。それが何をするか説明して、テストできることが必要です」。

一方、基礎力とは、問題に適用可能な、数々のデータ構造を理解する力である。「課題解決の方法が20あり、そのなかで二つまたは三つのものがとくに優れている場合、それらに注目し応用するためのクリエイティブな方法を考え出す必要があります」。分析し考察する能力は、基礎力と応用力の両方の基盤となる。

しかし、専門知識と優れた考察力だけでは不十分である。グーグルでは、ある特定の基質が要求される。従業員はお互いに協力し合い、社会的な説明責任を負ってこそ成功へとつながる。グーグルの特徴的な日課の一つに「スクラム」と呼ばれる朝会のようなものがある。

「スクラムは基本的に、毎日出社してから一か所に集まり、その日に何をやるかについて話し合うものです」とヴィンターは説明している。「ときには15人程度でやることもあります。なかには自分に無関係に思える話もありますが、自分の仕事について話すことで、その関係性が見えてきます。『あなたの仕事に関連したことを知っている』と伝えるチャンスとなるのです」。

ヴィンターによると、従業員が自分の仕事を毎日グループ内で共有することで、このような新しい発見が得られる。また、この制度の影響はチーム内での協力だけでなく、アイディアを概念化し、形にして人に伝えることにもつながる。

「デモ・デイズ」も、グーグルで運用されているもう一つの文化である。「その週に何をやったか、または何を考えているかを連絡するもので、これによって他の人が何をやっているかを把握することができます」とヴィンターは語っている。グーグルの制度は従業員が仕事に対して誇りや好奇心をもちながら、他人のアイディアを自然と受け入れて、建設的に考えることができる土壌となっている。このような非常に人間らしい取り組みは、グーグルがデジタル世界と実世界をつなぐことにこれほど成功した大きな要因となっている。

他の企業でも、アイディアを吸収し、他人を評価して、応用する能力を重視している。巨大コンサルタント会社の役員であるダレン・ドノヴァンは、従業員には「聴く力」が必要であると話した。[*23]ジョンソン&ジョンソンのグローバル人材育成担当部長のシュールト・ゲーリングも、次のように語り、従業員に論理的思考力を磨くことを求めている。「最も重要なのは、顧客の人口構成、行動原理、購入意欲の包括的な理解を深めていくことです。デジタル化やユーザーインターフェースの開発を推し進めたいと思っても、従業員がその意味を理解していなければ非常に困難です。自分自身の人生に、顧客と共通する部分はないか。ある特定の仕方で製品を設計することに、それほど時間をかける意味があるのか」[*24]。

これらは、知的な訓練や緻密な思考を要する複雑な問いであり、今後も専門職はますます複雑な仕事になっていく。近いうちに、専門家は機械と連携して仕事をすることになる。金融、法律、製造業、メディアなど、どのような業界においても、いまの私たちが想像できないような課題をこなすための能力が必要となる。これらは、知識体系というよりはマインドセットである。仕事をこなすうえでは、ある程度の知識を身につけることも必要だが、知的機械が情報処理の大部分を担うようになると、それだけでは足りなくなるだろう。今後成功するためには、知識だけではなく思考力が必要となる。

本章で登場した多くの経営者が話すように、自動化はさまざまな業界において革命をもたらしており、技術的スキルの価値を高めている。テクノロジー産業のようにその価値が明らかな業界だけでなく、金融や広告といった一見無関係に見える業界でさえもそうである。これは当然のことであり、プログラミング技術や数学、工学の知識に優れていれば、労働市場は非常に多くの機会を与えるだろう――少なくとも、当面のあいだは。ソフトウェアは世界中に広がっており[*25]、さらに多くのソフトウェア開発者が必要となる。しかし、ソフトウェアの発展に陰りが見えたときに何が必要となるかは定かではない。ロボットが自分自身をプログラムできるようになったらどうなるだろうか。

法律の分野にて、批判的思考が要求されるようになったことが良い例となるかもしれない。これまで見てきたように、訓練された批判的思考は、グーグルのような先端技術企業や、会計事務所、製薬会社など、さまざまな分野で働くために必要となる。最も工業的な産業である重工業でさえも、幅広い分野に精通している人や、システム思考が備わっている人を雇うようになっている。批判的思考やシステム思考に長けている人は、今日の職場では非常に重宝され、これからは不可欠な存在となる。すべてのチームには、優れたリーダーと優れた人材が必要である。

批判的思考とシステム思考

批判的思考（クリティカルシンキング）の定義はさまざまだが、本書では、ある考えについてよく分析したうえで、それを有用な場所に適用することを指すとする。これを実行するには、概念や情報を観察し、振り返り、複合し、想像し、そしてプロセスの結果を伝えることが重要である。一言で言うと、批判的思考とは教育の場において培われるとされる成果物そのものである。

観察力やコミュニケーション力など、批判的思考に含まれる多くの要素において機械はどんどん改善しているが、すべてが可能というわけではない。たとえば、弁護士が厄介な問題に取り組みクライアントを勝利に導く方法を考えているときや、マーケティング担当者が顧客情報をチェックしながら目を引くようなウェブサイトを作成しているとき、彼らは人間だけがもつ知的能力を活用している。したがって、批判的思考はデジタル時代に働く人々の基盤であり続けるだろう。

システム思考についても同様であり、個別の分野については機械でも理解できるかもしれないが、全体を見通したうえで分析することは機械ではできないだろう。なぜツイッターで特定のハッシュタグが流行るのか、なぜ世界の為替市場が変化するのか、なぜ南極の氷が融けているのか、これらは実際に存在する複雑なシステムの例である。

その複雑さを考えると、システムを概念化することは人間よりも機械が適している仕事かもしれない。実際に複雑なネットワークを理解するためにコンピュータに頼っている。しかし、コンピュータは情報を何に使うかを考えることはできない。たとえば、コンピュータは気候変動のモデルをつくることはできるが、対策を考え実行するのは人間の仕事である。同様に、「強風による脱線事故」の問題の場合は、エンジニアチームはコンピュータによって嵐が発生する可能性の高い地域を予測するが、対策に必要な人員を配置し、指示を出し、さまざまな条件を考慮したうえで予期せぬ事態にも対応するのはコンピュータではできない。そもそも、コンピュータはこの計画自体を自ら考えることはできなかっただろう。こうした創造力は、人間にしか発揮できない。

批判的思考もシステム思考もこれからの仕事においては非常に重要な能力となり、教育を通して訓練していく必要があるだろう。大学生が卒業後に長く社会で活躍し続け、充実した生活を送り、新しい発想を生み出すようになるためにも、大学は批判的思考やシステム思考のような認知能力を身につけるような教育を考えなくてはならない。優秀な機械と競争するためにも、これからの高等教育をどう発展させるかについて、知恵を振り絞る必要がある。

第3章 未来の学びのモデル

シェークスピアに「不満の冬」という台詞があるが、仕事に関して人々が不満を抱く季節は冬ではない。人気のあるビジネスネットワーキングサイトのリンクトイン（LinkedIn）によれば、世界中で求職がピークを迎えるのは10月である。リンクトインは毎年、人々の焦りが噴出するこの秋の時期に合わせ、その年の雇用・採用活動の豊富なデータに基づいて、雇用者が最も求めるスキルのリストを作成している。*1 リンクトインによる2016年版「就職に強いスキル」によれば、世界の求人市場で求められるスキルの第1位は「クラウド、分散コンピューティング」。続いて「統計分析、データマイニング」、「ウェブアーキテクチャ、開発フレームワーク」が第3位までを占める。さらに「ミドルウェア、インテグレーション・ソフトウェア」、「ユーザー・インターフェース・デザイン」、「ネットワーク、情報セキュリティ」と続く。リンクトインのリストによれば、世界で最も求められるスキルの上から10位のすべてがテクノロジー関連である。

テクノロジー関連職種が優位であり続け、あらゆる産業へ徹底的に統合されているのにもかかわらず、テクノロジーはすべての人々には職を与えないというのが実情だ。テクノロジー関連の仕事は、その資格がある人すべてに門戸を開いているとはいえ、ロボット、機械、ＡＩの発展によって、究極的には、テクノロジー自体が多くの求人の最良の候補となるだろう。多くの経済学者、ジャーナリストや思想家たちは、機械学習におけるディープラーニング、ビッグデータと処理能力の指数関数的増加が、人間の意識《マインド》を経済的に時代遅れのものにしていると主張している。シリコンバレーの起業家でもあるマーティン・フォードの『ロボットの脅威―人の仕事がなくなる日』は、ホワイトカラーの仕事を一掃しようとしている自動化の津波について、もっともらしい見通しを描いている。彼によれば「指数関数的な進歩がいま、私たちを行き詰まりへ向けて押しやっている」。テクノロジーが人間の仕事を置き換えようとすれば、それは実現するだろう。企業経営者たちが労働者を守るテクノロジーの採用を阻むことによって「市場経済に組み込まれた基本的なインセンティブそのものを変える必要があるだろう」〔松本剛史訳〕。[*2]

機械が仕事を破壊するというフォードらの見解は完全に正しい。歴史的には、これは事実であり、ラッダイト（Luddite）〔第1章参照〕の織工たちの時代にまでさかのぼる。それでも、テクノロジーはまた新しい産業を生み出し、新しい雇用形態をもたらしている。これもまた事実であり、検索エンジン最適化（SEO）のスペシャリストやユーザー・エクスペリエンス・デザイナーなど、インターネット以前の時代には存在しなかった仕事が発明されている。ジャーナリストであるライアン・エイヴェントの2016年の著書『デジタルエコノミーはいかにして道を誤るか―労働力余剰と人類の富』には、「新しいテクノロジーは新しい良い仕事を創出し、スキルの低い人々がその恩恵を受ける場合も少なくはないかもしれない。だがそれは大量雇用にはつながらない。また、労働力の余剰という問題も解決してはくれないだろう」〔月谷真紀訳〕という記述がある。[*3] 予期せぬ仕事が発明されても、「自動化、グローバリゼーション、スキルの高い少数の人間の労働者の生産性向上」の組み合わせは、世界中の人々の労働価値を抑制し続けるだろう。*4

しかしながら、これらのアナリストや未来学者たちが、現代のテクノロジー革命は（産業革命とは）異なるものであり、人間の労働の価値は取り返しがつかないほど失われるのだと主張するとき、二つの顕著な事実が見逃されている。第一に、世界のあらゆるところに未開拓の分野があるということである。私たちが狭い視野で思い描けるよりはるかに多くのものを、天上にも地上にも見出す余地がある。私たちの前には、科学的な発見を待つ秘密に満ちた宇宙と、いまだ横断していない知識の海洋が広がっている。描くべき広大なキャンバス、奏でるべき無限の音楽がある。病気の治癒から環境の修復、そして次の素晴らしい小説の執筆まで、やるべきことすべてが残っている。そして、これは私たちの多くにとって、そこそこ稼ぎがあって、満足できる雇用につながる。このように、たとえ機械が定型的な労働を引き継ぎ、反復的で退屈な仕事から私たちを解放したとしても、人間には、従事すべき多くのことが残されている。唯一の問題は、それができるだけの道具をもっているかどうかである。

このことは、現在のアナリストの多くが見逃している第二の点に関係している。それは、大部分の人々を次の水準の経済発展へと昇格させるうえで教育が果たしてきた歴史的な役割だ。19世紀には、無料の公立小学校が、読み書きのできないアメリカ人の大部分を引き上げた。技術革新により蒸気の利用が確立されると、公立中学校は識字能力があるだけの人が次のステップに登るのを助け、新しい産業で働くのに必要な基本的なスキルを与えた。さらに、第二次世界大戦後のアメリカでは、戦後秩序における企業の発展に伴い、公立カレッジや大学は、再び大衆向け教育のレベルをさらに一段階高め、かなりの割合の労働者に高度な知識・スキルを教えた。そして現在、テクノロジーは教育に求められる水準を再び引き上げている。

未来の仕事が私たちにより多くのことを要求するのであれば、私たちは教育に――とくに大学レベルの教育には――より多くを要求しなければならない。したがって、デジタル時代の教育には、テクノロジーとテクノロジーができることの理解だけでなく、少なくとも当面、あるいは未来永劫、何ができないのかに焦点を当てる必要がある。要するに、ロボット・プルーフ教育は、人間としてのユニークな能力を育てるということである。あらゆる人間の能力のうちで最も高度なものは、ときに最も捉えどころがなくて定義するのが難しく、それゆえ教えるのが難しいものだ。それはすなわち、創造性という人類固有の能力である。

創造的に考える

ヴォルフガング・アマデウス・モーツァルトは、史上最も創造的な人間の一人であった。交響曲40番ト短調と「ドン・ジョバンニ」を作曲したこの男は、創造的な天才の典型例であり、ジャンル、文脈、文化のすべての境界を超越した才能をもった人物である。1756年、彼の誕生した年は、地球の人口が約7億9500万人を数えた。[*5] 現在では、世界の人口はそのほぼ10倍の70億人である。数字の上では、モーツァルトと同等かそれ以上の作曲の才能をもって生まれた10人の創造的な天才がいま存在していると推定できる。確率から言って、その大半は中国かインドにいることになるだろう。

ますます激しくなる人間どうしの競争に加え、新進気鋭の作曲家と作詞家たちは、いまや音楽アルゴリズムと争っている。たとえば、パリのソニーコンピュータサイエンス研究所が開発した人工知能プログラム〔「フローマシーンズ」と名づけられた音楽制作ツール〕は、最近、オリジナルのジャズとポップスの楽曲を発表した。本書の執筆中には、デビューアルバムが発表された。[*6] レコーディング業界は、ますます混み合ってきているようだ。

教育は、全員をモーツァルトになるよう教えることはできない。しかし、世界規模の自動化社会においては、ますます多くの非常に才能のある人々が同じ場所で競い合うようになっている。そこで有用な教育とは、特異な才能をもたない人に傑出した成果を出させるものを指すようになるだろう。したがって、教育では創造性を培うべきである。しかし創造性を教えるためには、まず創造性とは実際に何なのかを理解しなければならない。

認知心理学は、創造性に関する豊かで多様な学術的知見をもたらした。1960年代、ポール・トーランスは、人の創造性を定量化する試みとして一連のテストを開発した。たとえば、子どもに単純な図形の周りに具体物の絵を描かせ、物語をつくらせるものなどだ。こうしたテストは、いまでも使われており、とくに学校で才能のある子どもを評価する目的で利用されることが多いが、企業で用いられることもある。[*7] しかし、このテストの最も熱心な支持者でさえ、創造性は驚くほど複雑な現象であり、その心理的な構成要素を探り出すのは極めて困難だと認める。

それでも、こうしたテストが依拠している理論的概念は存在し、その最も有用なものの一つに、J・P・ギルフォードが考案した収束的思考と発散的思考がある。[*8] 人は、収束的思考を採用するときには、問題または課題に対する一つの「正しい」答えを見つけることに集中する。たとえば多肢選択式テストで質問に答えるときには、収束的思考が働く。私たちが収束的思考を使うときは、手持ちのデータや代替案をそれぞれ検討し、一つの最良の、白か黒かの結果に到達する。これはまさに、高度なコンピュータや機械が、いま熟達し始めている知的な活動の一種である。

一方、発散的思考は、自由なアイディアの流れのなかで、複数の回答を創造的に生み出すものである。この例としては、ブレインストーミングやフリーライティング（構造や文法を気にせず、紙上にあふれるアイディアを書き出すこと）が挙げられる。発散的思考は、しばしば、遊び心、好奇心、リスクを取る意欲に関係している。

発散的思考と収束的思考は、多くの同じ要素を共有している。たとえば、どちらも評価と精緻化の能力を必要とする。しかしながら、発散的思考では、創造性――すなわち、問題の微妙な変化への敏感さ、状況に応じてそれを再フレーム化する器用さ、そして究極的には、あらかじめ存在しなかった成果や解決策を生み出す能力――が必要である。[*9]

一般的に言えば、アメリカの教育システムは、K－12と大学のどちらも、主に収束的思考を習得するための訓練に焦点を当てている。異なる地点から異なる速度でシカゴに向かう二つの列車のうち、どちらが先に到着するかと学生に問うとき、私たちは彼らの収束的思考を鍛えている。しかし、これはまさしくロボットが得意とする種類の思考である。収束的思考と発散的思考を両方問うような学術的な課題でさえも、自動化可能な場合がある。たとえば、アルゴリズムに膨大な数の記述課題のサンプルを学習させることで、プログラムは人間の学生が書かれたレポートに、正確な成績評価をつけることができる。[*10] また、機械学習の発達からすれば、近いうちにそのプログラム自身がA＋評価のレポートを書けるようになるという想定も、それほど突飛なものではない。

しかしながら、発散的思考は別の問題である。機械はナポレオン戦争の原因についてのレポートを採点することができ、間もなく書けるようになるかもしれないが、真っ白なスクリーンから（トルストイの）『戦争と平和』をつくり出すことはできない。この種の仕事を成し遂げるためには、まだ人間の頭脳が必要である。しかし、私たちの学校は、その力をうまく育めていないことが多い。

古今のTEDトークのうちでもっとも人気があるのは、2006年に収録されたケン・ロビンソン卿の「学校教育は創造性を殺してしまっている？（Do Schools Kill Creativity?）」である。[*11] よく知られているように、このなかで彼は、創造性を「価値ある独創的なアイディアをもつにいたるプロセス」と定義し、それは今日の子どもたちにとって読み書きと同等に重要であると主張した。にもかかわらず、学校では失敗や間違った答えを過剰に嫌い、それを抑え込むように子どもたちを訓練している。「われわれは創造性を育てるどころか」、「成長に伴ってそれを見失う。もしくは、むしろ教育が創造性を奪ってしまうのです」とロビンソンは言う。

アメリカの教育制度は、主に19世紀から20世紀の産業経済のニーズを満たすように設計されたため、工場、官僚組織、帳簿で構成される世界において最も有用なスキルを強調する傾向がある。それは多くの場合、数学、語学、科学といった「ハードスキル」のどれか（複数のこともある）を習得することを学生に求め、リベラルアーツ、創造的な分野（音楽や芸術など）での「ソフトスキル」と呼ばれるようなメタ認知スキルを重視していない。ロビンソンの観察では、私たちの教育制度は何よりも学業成績を重視している。あたかも、すべてのテストをクリアし、すべてのコース学習を修了したあかつきには大学教授が生み出されるのを理想とするかのようなモデルなのである。しかし、彼が正しく指摘しているように、この偏った知能観は、人間の能力の豊かさを無視している。ロビンソンは、「これまでの教育は、地表を削いで石炭を取り出すように、特定のものだけを発掘してきた」と語り、単なる学業成績だけではカバーされない重要な宝物があることを示している。

事実と知識の習得が、人を「賢い」あるいは「準備された」状態にするという見方は、人間の知性についての偏った見方である。ロボット、高度な機械、ＡＩが、人間の「最も賢い」者と同じくらい効果的に事実と知識の習得ができるようになりつつある現在ではなおさらだろう。それでもカレッジや大学は、この偏った見方を強化する傾向がある。カレッジと大学のもつＤＮＡには、特定の科目についての知識を伝達するというメカニズムがある。中世の大学の発明にまでさかのぼると、彼らは学問分野を分けることを基本として大学を組織し、神学、法学、医学を専門とする学部をつくった。

いまでも、ほとんどの大学のカリキュラムと教育方法は、情報を学生の頭に移転することを過度に重視している。批判的思考や洗練されたコミュニケーションのような、学生の高次の心的能力の発達は、たしかに大学教育の目的の一つではあるものの、ほとんどの場合には、知識内容の摂取に比べると二次的な扱いである。さらに多くの場合、大学のコースはメタ認知スキルを明示的かつ体系的に育成するようには設計されていない。

問題は、たとえこれらのスキルを教えることを目指しても、必ずしもうまくいくとは限らず、まして学生の創造性を育むとなればさらに難しいということである。リチャード・アラムとジョシパ・ロクサによる著書“Academically Adrift : Limited Learning on College Campuses”〔『漂流する大学教育─軽量化する大学での学習』（未邦訳）〕によれば、２０１１年の研究では、調査した学部生の「少なくとも」45%は、大学での最初の2年のあいだ、批判的思考、複雑な推論、およびライティングコミュニケーションの能力が「非常に低い、あるいは調査では検出できない程度の向上しか見られない」という結果が見出された。入学から4年後の学生でも、調査対象者の36%にまったく改善が見られず、「彼らは卒業できたとしても、大学生が習得すべきであると広く考えられている高次の認知的スキルを伸ばすことに失敗している」という。[*12]

他のデータは、この厳しい現状把握を強化する。経済協力開発機構（ＯＥＣＤ）は、国際成人力調査プログラム（ＰＩＡＡＣ）の一環として33か国からの成人の日常生活スキルの調査を行い、読解力、数的思考力、ＩＴを活用した問題解決能力について測定した。アメリカ人の結果は、とりたてて優れたものではない。たとえば、最新の調査では、34歳以下の学士号をもっているアメリカ人の30%が、数的思考力の評価のうち5段階中2点を超えていないことがわかった。問題解決能力の評価については、結果はさらに悲惨で、34%だった。[*13]

「今後、機械が考えるようになるのであれば、学生の思考力が落ちても問題ないのでは？」と思うかもしれない。しかし、人類が白旗を掲げ、教育そのものを放棄してしまう前に、私たちは教える内容を再考する必要がある。もし、学生が選んだ専門領域を理解するのに必要な知識内容と、高度に自動化された職場で必要となる広い認知能力の二つのバランスを取り直すことができれば、将来世代が経済的な無用物になることはないだろう。しかし、そのためには、学習者を取り巻くテクノロジーが高度化した世界を理解することと同時に、それを超えるための人間固有の心的・知的な特性を育むような、新しい学習モデルが必要となる。このモデルを、ヒューマニクス（humanics）と呼ぶことにしよう。*14

工学や哲学が知識体系の研究と思考方法の開発を行う学問分野であるのと同じように、ヒューマニクスは知識内容の習得と特定のスキルの習得を教える学問分野である。テクノロジーの世界の構成要素を理解するのを助けつつ、それを利用し、操作し、そして究極的には超越する能力を与える。ヒューマニクスは、私が新しいリテラシーと呼ぶ知識内容の習得と、私が認知能力と呼ぶ「ロボット・プルーフ」な思考方法の開発に根ざした、この時代が必要とする学問分野なのだ。

新しいリテラシー*15

「リテラシー（literacy）」という言葉は、最もわかりやすい意味では読み書き能力のことであり、アルファベットの文字を指すラテン語の*littera*に由来する。リテラシーはふつう計算能力も意味するが、これは人がもともと数量を記録するために書くことを始めたのを考えれば納得しやすい。文字も数字も、口頭での表現を記号で表し、それを保存したり他人へ伝達したりすることを可能とする。いくつかの抽象的な記号を見せることによって他人の心にアイディアを伝えるというこの能力は、人類の最も強力な道具の一つである。優れた本（あるいは財務諸表）を読んで時間を忘れた経験がある人ならわかるように、これは原初のバーチャルリアリティでもある。リテラシーは、情報を伝達し、創造性に火をつける。

インターネットが登場する前は、文明の歴史、財産権、系図学、法律、文化について確立されているすべての真理を符号化し、事実を明記する手段は、文章を書くことだった。書かれた言葉を習得することによって、人は完全に人間になった。それは、社会のなかで一生を生きるための、人間の能力の基礎であり、権力の源であった。そのため、時としてそれは特権的な集団に占有され、その秘密は疎外された人々には伏せられる。フレデリック・ダグラスは、リテラシーとは、奴隷制から自由への道であると書いた(訳注)。逆に言えば、リテラシーの不足は無力への転落を招く。

リテラシーは、時と場所を超えて、他者が生み出したアイディアや情報とつながる力を与えてくれる。書かれた言語はアイディアの、数学は量と次元に関することの、科学的リテラシーは自然界に関することの伝達を可能とする。デジタル環境では、たんに人どうしで考えを伝え合う以上の伝達が可能となるが、そのためには、ずっと複雑なリテラシーが必要となる。ヒューマニクスにおけ

訳注：宇宙生物学者・作家のカール・セーガン（『カール・セーガン 科学と悪霊を語る』、1997年、新潮社）による次の引用が有名である。「フレデリック・ダグラスが教えてくれたのは、読み書きの力こそが、奴隷状態を脱して自由へと至る道だということだった。奴隷状態にもさまざまあるように、自由といってもさまざまだ。それでも、読む力をつけることはやはり自由への道なのである」（青木薫訳）。

る三つの新しいリテラシー（技術リテラシー、データリテラシー、ヒューマンリテラシー）によって、私たちは他者だけではなく機械ともネットワークを構築することが可能になる。さらには、デジタル世界を最大限に活用できるようになる。

技術リテラシー

一つめの新しいリテラシーは、技術リテラシー（数学、プログラミング、工学の基礎的な原理の知識）である。現代の「デジタルネイティブ」の世代は、デジタルテクノロジーに浸されながら成長し、デバイスのもつ機能を最大限に活用する技術的適性を備えている。ただし、どのアプリを使えばよいか、どのウェブサイトにアクセスすればよいかは知っていても、必ずしもタッチスクリーンの裏側にある動作原理を理解しているわけではない。機械の仕組みや用途を理解するためには、技術リテラシーが必要となる。百年前の工場労働者がエンジンの基本構造を理解する必要があったのと同じように、私たちはデバイスの背後にある基本原則を理解する必要がある。これによって、ソフトウェアとハードウェアを最大限有用に活用し、ものごとを成し遂げたり創造したりする力を最大限に引き出すことができる。

コーディング（プログラミング）はデジタル世界の共通言語であるため、誰もがそれに精通している必要がある。しかし、コンピュータの構文を学ぶ前に、その概念的要素を理解しなくてはならない。幼児教育者のあいだでは、教室でＡＢＣや１２３を教えたあとにはプログラミングをやるべき、というのが急速に常識となりつつある。玩具メーカーは、子どもたちにコーディングの概念を教え込む新製品を次々と展開している。今後は、高校、そしておそらく大学のカリキュラムのなかに、コーディングが組み込まれることは間違いないだろう。実際、近年の高等教育市場で最も注目されている新展開の一つとして、ジェネラル・アセンブリ（General Assembly）やデヴ・ブートキャンプ（Dev Bootcamp）といった団体が運営し、急成長しているコーディング・ブートキャンプがある。最近の市場レポートによれば、コーディング・ブートキャンプの修了生は２０１６年には約１万８０００人に及ぶと予想されており、前年比で74％の急成長である。*16

ジョンソン&ジョンソンの取締役、シェールド・ゲーリングは、「コーディングは、いまでは、10〜30年前の数学と同じくらい重要になりました。もちろん、この二つは非常に密接に関係しています」と言う。*17 実際、スクラッチ（子ども向けプログラミング言語）の開発などコーディングの民主化を目指す多くの取り組みが進行中であり、これまでは一部の数学的な才能のあるプログラマーに独占されていた秘密が解放され始めている。「Ready」や「Hopscotch」などのツールは、数学が苦手な人であっても、オリジナルのソフトウェアを作成できるように設計されている。プログラミングツール「Ready」を手掛けたベンチャー企業の共同設立者兼ＣＥＯであるデイヴィッド・Ｓ・ベナハムは、この種の「ポップ・コンピューティング」の台頭を称えて、次のように述べている。「ソフトウェア自体を作成するプロセスが、構文の修得（コンピュータを操作するために必要な、正確な文字列の配置）を必要とするものから、論理さえ習得していればできるものに変換されるのは時間の問題です」。*18 こうしたプログラミングの民主化が実現するまでは、特定のコンピュータ言語とコンピュータサイエンスの基礎を習得することが不可欠である。

データリテラシー

テクノロジーが私たちの生活に染み渡ったことで、データ量の爆発ももたらされた。2010年、『エコノミスト』誌は、オランダの牛の健康状態と活動を追跡するために耳に「スマート」センサーを埋め込んだことを報じた。いわばビッグデータとビッグブラザー〔オーウェル『一九八四年』で描かれる、人々を監視・管理する存在〕が組み合わさってできた「ビッグカウ」である。いま、よく耳にするモノのインターネット（Internet of Things, IoT）は、家のなかのあらゆる場所や服、生活環境へ「スマートな」物理的オブジェクトを接続するという。2020年までに、世界には500億のスマートオブジェクトが存在し、真の情報エコシステムが実現すると推定されている。[*19] そして、これが起こるのは家庭だけではない。ブルドーザーのような重機でさえ、もはや単なる歯車や金属でできているのではなく、データを分析しオペレータにフィードバックして機械の精度と効率を最適化するためのセンサーを備えている。[*20] このように私たちはデータの波に飲まれそうになっているため、もう一つの新しいリテラシーとして、データリテラシー、つまり分析を通じてビッグデータを理解し活用する能力を必要とする。データリテラシーは、情報の解釈と文脈の理解を助け、デバイスから注がれる圧倒的な情報の洪水のなかでその意味を見出すことを可能にする。

集積した大量のデータも、有用な情報に整理して理解できない限りは、ほとんど役に立たない。データ分析では、これらの巨大なデータセットをふるいにかけて、有用な発見が得られる相関関係を見出すことで、これを実行する。実際、これがグーグルや、今日のその他の無数のデジタル企業のビジネスの基盤である。発見した相関関係に基づいて、情報の本当の意味を理解し、そこから正確な予測を導くことができる。大陸全土へのウイルスの拡散から個人のデート相手の好みまで、データ分析はあらゆることを予測できる。これは非常に強力なツールであり、誰かがインターネット上でクリックするたびに、さらに強力になる。しかし、デジタル世界で能力を発揮できる主体であるためには、このツールの使い方を理解し、その限界を把握する必要がある。

マイケル・パトリック・リンチが、彼の著書"The Internet of Us : Knowing More and Understanding Less in the Age of Big Data"〔『私たちのインターネット―ビッグデータ時代に増える知識と減る理解』（未邦訳）〕で述べているように、ビッグデータ間の相関関係から導かれる情報は、その文脈を理解しない限り誤解を招く可能性がある。[*21] 彼は、過去2000年間の「著名な」人々の出生と死亡のデータセットを（文化史として）マッピングした有名な動画の例を引用している。マップの形状と調査結果は、誰が「著名な」人物かも含めて、データのパラメータに対する作成者の想定に完全に依存していた。つまり、私たちが得る答えにどれほどの意味があるかは、私たちがどれほどの意味のある問いを投げかけられるかにかかっている。そのためには、相関関係だけでなく、どのように、なぜ、事実がそうなっているのかを理解する必要がある。[*22] ひと連なりの情報を見るのではなく、あるシステムを構成する、相互につながり合っている関係性の全体を見る必要がある。したがって、特定のパターンで「文化」が異なる地理的ホットスポットに広がっていることを確認するだけでは不十分であり、その社会的、経済的、政治的な文脈を研究する必要がある。このように、データリテラシーの目的とは、デジタル化されたデータを読み解くための、またはその他の情報源にあたる必要があるかを判断するためのツールを与えることである。

ヒューマンリテラシー

三つの新しいリテラシーのうちの最後は、最も重要であり、おそらく最も説明を要しない、ヒューマンリテラシーである。ロボット時代であっても、あるいはおそらく、ロボット時代だからこそ、重要なことは他者の存在である。ヒューマンリテラシーは、私たちに社会的環境に入る備えを提供し、コミュニケーションの力、他者と関わる力、愛と美に関する人間の能力を活用する力を与えてくれる。それは、リベラルアーツ教育で伝統的に見られる人文学を内包するものだが、芸術の要素、とくにデジタルコミュニケーションの大部分に不可欠なデザインの要素を含んでいる。

新古典派の詩人アレキサンダー・ポープは、人類の真の研究対象は人間であると書いている。彼は完全に正しいわけではなく、自然界の人間以外の部分にもその驚異が残っている。とはいえ、知的、道徳的、そして精神的に、人文学は完全な人間を育てる最もゆたかな土壌の一つである。それらは、よい人生の土台と文明的な思考の支柱を形成する。それが人文学を学ぶ十分な理由となっている。しかし、それらは同時に非常に実用的でもある。デジタル時代であっても私たちは人々との関わりのなかで生きているため、専門家はヒューマンリテラシーをよく理解する必要がある。ネットワークが行き渡った現代でも、最も強力なネットワークは個人的な関係である。前の章でグーグルの「スクラム開発」を見たように、職場はこれまで以上に協働的になっている。学術界では、たとえば個人研究者の時代は終わりを迎えている。学問分野がより学際的で複雑になり、研究がより混成的になるにつれて、ますます多くの発見がチームによってなされている。そして、そのチームはますます大きくなっている。[*23] 職場のあらゆる文脈において、私たちは他人とうまくやる方法を知らなければならず、ブレインストーミング、交渉、集合的な意思決定などのスキルは、ますます重要になっている。知的作業だけではなく、いかに効果的な関係性を築けるかが、チームの成功の鍵である。*24

この点で、多様性の重要性を理解することはヒューマンリテラシーに不可欠である。学生が生涯学習者になるためには、多様な視点をもつ人々と関わらねばならず、そこには彼ら自身がもつ前提と食い違う視点も含まれる。異なる背景、アイデンティティ、そして信条をもつ人々を、完全に、かつ敬意をもって包摂することによってのみ、私たちは学び、協力し、そして自らの能力を最大限に引き出すような創造ができる。分断されたコミュニティは、統一されたコミュニティよりも弱い。グローバルコミュニティという概念は最近反動を受けているが、テクノロジー、経済、そして大衆文化が、この世界をかつてないほどに密に結びつけていることに変わりはない。これほど多様性のある世界を、ドアの外に――ましてや手元のデバイスのなかから――閉め出せるふりをすることはもはやできない。人間の多様性は私たちを分断せず、それはむしろ美しさと強さの驚くべき源泉であり、人類のもつ無限の可能性を証明しているのだ。学生を多様性に浸し、そこから得られる教訓を称揚することによって、学生の心を豊かにし、思考を広げ、そして価値あるヒューマンリテラシーを構築することができる。

私たちは、周りの人々と仲良くすることに加えて、彼らとコミュニケーションを取り、彼らを動機づける方法を知っていなければならない。私たちは、データリテラシーを通じて人間の行動に関する事実情報を収集すれば、それが「何か」や「どのように」なされるかはわかるかもしれない。一方、人文学は人間の行動の「なぜ」を教えてくれる。テクノロジーと人文学とのあいだの境界がなくなるにつれて、エンジニアでもヒューマンインターフェースを考慮しなければならなくなり、プログラマーでもストーリーテラーになることを学ぶ必要が生じる。

テクノロジーを生活のあらゆる側面へ拡張することは、非常に人間的な側面への影響を与えるため、政治、経済、法学、哲学、そしてとくに倫理学によって取り組まなければならない。これらの分野はＡＩの発展に応じて進化を求められている。皮肉なことに、ヒューマンリテラシーにとっての重要な課題の一つは、知能機械によってもたらされた倫理的なジレンマと関係している。「動いている列車を方向転換して路肩に立っている人々に向かわせるか、列車の乗員を犠牲にするか？」という古くからあるトロッコ問題は、自動運転車のメーカーにとって、非常に重要な問題である。自律型の兵器の技術が現実になるにつれて、軍は倫理と法が複雑に絡み合う難題に直面している。ＡＩの設計と開発は、いかなる倫理的原則のもとに行うべきか？　どのようにして、これらの新しい機械を私たちの価値観に合わせ、どの価値を優先するのか？　もしそれが害を及ぼすならば、誰が道徳的に責任を負うのか？　人間の死につながるような状況で機械を使うという判断を、自由意志を発揮して下せるのは人間だけだ。その一歩を踏み出すか否か、私たちは法律家と同時に哲学者を必要としている。

知能機械によって引き起こされるもう一つの倫理的ジレンマは、格差という古くからつきまとう問題だ。これは、部分的には現在進んでいる貧富の二極化の延長線上にある問題である。しかし、ロボットによってより多くの労働がなされる経済においては、労働の価値はますますロボットの所有者、すなわち資本に集まっていく。被雇用者はますます多くを失うため、何らかの形の再配分が必要になる。そのため、ヒューマンリテラシーを発揮して私たちの社会政策の舵を切り、世界の社会正義へと向かうよう努力しなければならない。しかし格差には、あまり知られていないが同様に差し迫っているもう一つの側面がある。人工インプラントとエンハンスメント技術（脳や身体の機能を拡張する技術）は、ほどなく、それらを購入できるだけの富をもつ人々にとって現実のものとなるだろう。サイバネティクス的な人間の能力の増強によって、一部の人々は寿命、感覚、体格、そしておそらく知性さえも高めるだろう。さらに、遺伝子操作を利用できる経済力をもつ家族は、（近視や体重増加の要因などの）厄介な遺伝子を切り取るだけでなく、非常に精密にカスタマイズされた息子や娘を生もうとするかもしれない。将来、金持ちは私たちのような一般の人々とは、本当の意味で異なっているかもしれない。倫理学者にとっての問題は、そのような権力が制限されるべきなのか、自由に認められてよいのか、それとも裕福な人々によって囲い込まれてよいのかということである。ヒューマンリテラシーは、正しい選択を行うのを助けてくれるだろう。

四つの認知能力

新しいリテラシー（技術、データ、ヒューマン）は、ヒューマニクスの基盤となり、言ってみればそのコアカリキュラムとなるが、それだけでは、高度技術社会の主役となる人間を養成するには十分ではない。そのためには、学生にはさらに、デジタル経済に役立つ四つの高次の認知能力が必要である。前章で見てきたように、そのうちの二つは批判的思考とシステム思考である。これらは、アイディアを分析して応用し、複雑な系を理解し制御するために必要となるメタスキルだ。残り二つの認知能力は、学習者がロボット・プルーフになるのを助けてくれる。一つめはアントレプレナーシップ（起業家精神）であり、これはオリジナルな方法で価値を創造することを指す。二つめは異文化アジリティであり、これはグローバルな社会環境で器用に立ち回り、異なる文化から来た人々がその課題や状況に持ち込む多様な理解と価値を正しく認識する能力である。

批判的思考

批判的思考とは、アイディアを巧みに分析し、それらを効果的な形で適用することである。要素で見れば、機械は確実にこの能力を高めている。機械が観察、分析、そしてコミュニケーションを行う能力は、アップグレードのたびに高くなっているが、一方で総合し想像する力は不足している。チェスで勝利し、グローバルサプライチェーンを組織化し、土曜日の夜にデートが可能な相手を見つけるといった、特定の問題にデータを用いることは人間よりはるかに優れているかもしれない。一方、より定量化が難しい思考に関しては大した能力はない。

批判的思考の実践は、いくつもの階層や種類からなる。そのいくつかは、事実を理解して問いへ適用するといった、定量化可能な形式の思考である。人々の動機や感情・生い立ちがその人にどのような影響を与えるのかを想像するなど、より漠然とした、直感的とさえ言えるものも含む。真の批判的思考には、あらゆる状況において文脈を完全に理解するため、これらすべての階層が必要である。

問題がいくら複雑であっても、「はい」と「いいえ」の質問の列にまで単純化することができれば、機械はそれを解決できる。しかし、現実世界の問題の多くは、そのような単純化を許さない。たとえば、あるソーシャルメディアのアプリについて、そのユーザー数が横ばいに推移していることがわかったとしよう。「韓国では18歳から34歳までのユーザーの数が減っていますか」とか「ピーク時にこの特定の広告クリックが発生していますか」など、「はい or いいえ」の質問に答えることで、コンピュータは価格、流通、マーケティング、戦略に関連するあらゆるデータを整理できるかもしれない。ユーザーの目を引く可能性が最も高いデザインの色を厳密に特定し、ソーシャルメディアでターゲットとなる顧客集団に響く正確なキーワードを予測することもできるかもしれない。これは批判的思考に含まれるデータ分析の側面であり、コンピュータは日々この能力を向上させている。

この分析は厳密かもしれないが、コンピュータはそれ以外の重要な要因——定量化可能なデータと同じくらい、会社の計画の成功に影響する可能性がある要因——を探り当てることはできない。たとえば、ブランドロイヤリティ（顧客がそのブランドに感じる価値や親しみ）の高さを判断することはできない。また、自社の広告に対する感情的な反応を測定したり、顧客が特定の画像に関連付ける個人的あるいは文化的な意味を考慮したりすることはできない。文脈の分析という階層抜きでは、機械がデータと評価指標の観点からよさそうなマーケティング計画にゴーサインを出したものの、重要な他の文脈的要因を考慮していなかったために、失敗に終わるということになりかねない。人間だけが批判的思考の両面――データ分析と文脈――を評価する能力をもっており、「この計画はうまくいく、あるいはうまくいかない」と言うことができる。

非常に多くの場合、批判的思考の成功と失敗を分けるのは、仮定を疑えるかどうか――受け入れられた入力が本当に正しいかどうかを問い直そうと思えるか――に帰着する。たとえば、アメリカ航空宇宙局（NASA）は、複数のスペースシャトルのミッションで、発射中に外部タンクから発泡材の破片が外れるのを観察していた。それは、悲運のコロンビア号打ち上げの間に再び起こり、破れた発泡材が左翼を打ちつけた。しかし、NASAの科学者たちは、発泡材の破れは心配ないとの判断を下し、それが図らずも再突入時のシャトルの崩壊を招いた。[*25] 彼らは、それまでの仮定に基づいて行動し、「今回は状況が異なったらどうか？」と批判的に問うてみることをしなかった。

批判的思考における同様の失敗が、2005年、ニューオーリンズの壊滅的な堤防決壊につながった。ハリケーン・カトリーナが襲うまでの何年ものあいだ、研究・調査部門は災害の可能性について警告していて、当局は前年よりカテゴリー3のストームに備えて演習を実施することさえしてきた。しかし、それが実際に起こったとき、街の洪水防御システムは機能せず、アメリカ史上最大の工学の失敗による災害を引き起こした。原因は情報の欠如ではなく、設計が健全であるという思い込みだった。責任のある人々のあいだでの、批判的な想像力の不足が招いた事態であった。

システム思考

機械は、複雑なシステムの要素を理解し、それら変数の影響が伝搬していく仕方は熟知しているが、この情報を異なる文脈に適用するのはあまり得意ではない。したがって、たとえば機械は、沿岸地域に対する気候変動の影響をモデル化し、水温、汚染、潮流、気象パターン、そのほか多数の複雑に絡んだ要因を評価できる。すべてのデータを評価することによって、機械は、その近くの構造物の状態を改善し侵食を防ぐ方法を導き出すことができる。しかし、その同じ機械には、経済学、法律、健康科学といったさまざまな異なる分野にデータを効果的に展開する方法を思いつけない。たとえば、その情報を人の移動に関する研究や、水産業に応用する、または環境立法を起案するのに利用するといった意思決定はできない。与えられたプログラミングに閉じ込められた機械は、領域に特化した思考から抜け出すことの意義を思い浮かべることがない。

コンピュータを、複数の領域について考えるようプログラムすることで、ある種のシステム思考は実現できるかもしれない。しかし、人間が行うような大きな創造的飛躍は、まだ機械では不可能である。たとえば、オランダの建築家、コーエン・オルトゥイスは、そうしたシステム思考のともしびを創造性の炎へと変えた一人だ。気候変動、都市計画、建築の交わりについて考え始めた彼は、海面上昇が全世界の都市を脅かしていることを理解したうえで、浮遊式の建物を発明した。それはリサイクルされたペットボトルで浮くバングラデシュのスラム街の貨物コンテナから、モルディブの豪華な人工島にいたる多様なもので、今後の海面上昇と海岸線の変化の長期的影響に耐えることができる。[*26] オルトゥイスは、建築家の見方を基本としつつも、環境保護主義者、材料科学者、エンジニア、そしてデザインのパイオニアとしての思考の枠組みをもって気候変動の課題に取り組み、その結果、コンピュータにはまだ出せない解に到達した。彼は、一本の専門分野の木ではなく、相互に関連した問題の森を見ることによって、都市の持続可能性という問題について考えたのである。

システム思考家《シンカー》たちは、私たちにとって最も困難な問題に取り組む能力をもっている。ミシガン州フリントの危機的な飲料水汚染に対処するうえで、システム思考の持ち主ならそれを公衆衛生の問題としてのみ扱うことはしないだろう。彼らは市民のインフラ、課税、リーダーシップ、社会的正義の視点からもそれに対処するだろう。ジカウイルスと戦っている生物学者は、それを医学的な緊急事態とみなすだけでなく、ネットワーク科学を用いてその進行をモデル化し、マーケティングの見方を通した公的アウトリーチ施策について考えるだろう。同様に、2000年代の大不況について検討するエコノミストは、サブプライム・ローンだけでなく、住宅ローン担保証券およびクレジット・デフォルト・スワップ、政府規制の失敗、およびマクロ経済状況が果たす役割についても検討するだろう。

システム思考は、リーダーシップを発揮する立場にある人にとってだけでなく、新しい知識を発見したり、事業を立ち上げたり、何か新しいものを創出しようとしている人にとっても重要な認知的能力である。システム思考を発揮するとは、細部と全体像を同時に見て把握すること、複雑性をそのまま扱うメンタルモデルを発揮しながら、同時にいくつかの思考の道すじをそれぞれ試すことである。ウォーターズ財団のような教育団体は、そのようなシステム思考の演習をK－12の教室に取り入れ、語学、数学、社会科などに組み込んでいる。[*27] 大学の授業でも、システム思考の訓練を明確に組み入れることできる。

アントレプレナーシップ

機械が労働市場に侵入するにつれて、第三の認知的能力であるアントレプレナーシップ（起業家精神）は、デジタル化した職場で自らを差別化する手段として、ますます高い価値をもつだろう。端的に言うと、機械が従来の仕事を代替するにつれて、私たちは新しい仕事を発明する必要がある。実際に、労働力の技術化によって、私たちの社会全体がその圧力を受けるようになるはずだ。世界経済フォーラムの推計では、現在、小学校に入学する子どもの65％は、やがては今日まだ存在しない仕事で働くとされている。[*28] これらの仕事は、発見と発明のフロンティアを拓き、新たな富を生み出そうとする起業家によって発明される。この視点からは、テクノロジーは脅威ではなく、チャンスの源である。仕事を破壊するのではなく、潜在的な仕事を新しく創り出す。そのどちらになるかを左右するのが、アントレプレナーシップである。

これは、なぜアントレプレナーシップをすべての大学生にとって基本的な能力とすべきであるかの、最も説得力のある理由の一つである。この能力は、二つの仕方で機能する。一つめは、伝統的な起業のモデルである。機械が、労働市場における私たちの既存の役割を果たすようになるにつれて、新しいベンチャーや産業を立ち上げることによって市場を拡大するような、新しい役割を考える必要がある。二つめは、すでにある機関や企業の文脈の内側での機能である。革新的なマインドセットをもつ従業員は、企業に価値をもたらす新しい方法を生み出し、まだテクノロジーには習熟できない新しい領域を見出すだろう。このように、起業家的なエネルギーが企業に改革をもたらす。たとえば、ＧＥ（ゼネラル・エレクトリック）の経営陣は、起業家マインドセットをもって、20世紀型のメーカーから21世紀型のテクノロジーとサービスに焦点をあてた企業へと、会社をつくり変えた。この変化は根本的に会社を変革したが、一からの起業ではなかった。会社を起こすことと会社を進化させることは、アントレプレナーシップというコインの表裏であり、どちらも同じ原動力に基づき創造を行うが、その力を発揮する場所が異なるのである。

実際、アントレプレナーシップはあらゆるビジネスの文脈にも適用でき、そこには利益を求めない活動も含まれる。社会的格差の問題に独創的なアイディアで取り組む起業家は、貧困の緩和、開発の促進、社会的正義の推進のために、マーケティングのツールを利用することができる。したがって、アントレプレナーシップ、とくに社会的起業家精神を教えることは、国家にとって重要であり、大学にとっての優先事項であるべきだ。

しかし、一部の有名な起業家のイメージもあって一見普及しているかに見える起業だが、その件数は下がっている。1994年と比べて、新たに立ち上げられたビジネスに従事するアメリカ人の数は100万人以上減少している。[*29] 社会として、私たちはこの傾向を反転させなければならない。文化的・社会的風土がイノベーション、変化および実験を支援することに貢献できるかどうかにかかっている。世界中がシリコンバレーにはなれないかもしれないが、それに触発されることはどこにいてもできる。

シカモア・ネットワークス社の創業者であるデッシュ・デシュパンデは、社会的・経済的インパクトをもつアントレプレナーシップの促進を目的とした非営利団体、デシュパンデ財団を創設している。2010年、バラク・オバマ大統領により米国イノベーション・起業諮問委員会の共同議長に任命された彼は、アントレプレナー的マインドセットがどのように機能するかについて多くを考察した。

デシュパンデはこう言う。「世界には3種類の人々がいます。何にも気づかない人、問題に気づくが文句を言う人、問題に気づきそれを修正することにわくわくする人。活気のあるコミュニティと貧弱なコミュニティの違いは、その比率の違いにあるのです」*30。起業する人々の割合が優位となることの必要性は、高度な機械が職場に増えるにつれて顕著になる。人々は創造的な働き方を考え出さなければならない。

大学は、活発な思考力をもつ十分な数の人々を抱えているという意味で、アントレプレナーを育む理想的なエコシステムである。高等教育は、アントレプレナーシップを教える学位プログラムを開発することに加えて、学生がビジネスのアイディアを試せるような先進的な取り組みを支援することもできる。「起業家の旅は、経験されなければ意味がありません」とデシュパンデは言う。「子どもをもつことに少し似ています。どんなにそれを語ったところで、実際にやってみない限り、どんな経験かは決してわからないでしょう」。

その経験の大部分は失敗である。機械は、人とは異なり、自ら与えられた課題につねに成功するように設計されている。だから何らかのシステムの不具合が発生するのは望ましくないことである。しかし、人間の場合、失敗はときには幸運をもたらす。たとえば、アレクサンダー・フレミングは、ペトリ皿を誤ってカビで汚染したのちにペニシリンを発見したことで有名である。アントレプレナーシップは、失敗を受け入れ、別の角度から見ることを要求する。「早く失敗しろ、たくさん失敗しろ」という言葉は、現在、シリコンバレーのスローガンとなっている。テクノロジー分野の起業家が失敗について語り合う国際カンファレンスであるフェイルコン(FailCon)は、トゥールーズからテルアビブまで世界中のいたるところで開催されている。*31 業界では「上向きに失敗する」という言葉が広がり、数々のビジネス書では貴重な失敗からの教訓が称賛されている。しかし、ビジネスの世界では、これらの教訓は、失われた投資と敗れた夢という、大きな人的コストをもたらす。大学におけるアントレプレナーシップ教育の利点は、学生が、クレジットの破産履歴、未払いの請求書、壊れた人間関係の本当の痛みを被る前に、その教訓を学べるということである。

失敗から学ぶことは、科学的方法論にとっても欠かせないものであり、学生はこれを自身の研究プロジェクトから学ぶことができる。研究は、価値のある知識の創造であるという点で、知的なアントレプレナーシップの一形態である。それは既存の知識の枠組みのなかに自らの考えを位置づけ、そのうえで新たな発見への道すじを想像することを促し、学生の批判的思考、システム思考、創造性を育む。たとえば、環境科学を研究している学生は、沿岸の海水温の変化を調べることに取り組むかもしれない。データの収集方法やそこからの結論の導き方を考案することに加えて、彼女は、沿岸の持続可能性というさらに大きなシステムにおいて自分の研究がもつ影響を考慮しなければならないだろう。研究を通して彼女は、細部について考えつつ、それを大局的な視点から、ときには別の角度から考える能力を発揮するだろう。

異文化アジリティ

経験はまた、最後の認知能力である異文化アジリティ（異なる文化に機敏に適応する力）の本質的な要素でもある。筆者の同僚のポーラ・カリギウリによると、異文化アジリティとは「専門家が異文化に置かれた状況でうまく仕事をこなすための超重要スキル（メガ・コンピテンシー）」だという。[*32]過去には、異文化アジリティは、主にジェット旅客機に乗るビジネスマンや外交官だけのものと思われたかもしれないが、グローバル化によってこのスキルは皆にとって不可欠なものになった。さらに、iTranslateなどの翻訳アプリがどれほど正確になったとしても、機械が真の異文化アジリティを身につけるにはほど遠い。それには共感、思慮、そして非常に人間的なニュアンスの理解が必要であり、スター・ウォーズのC－3POのような通訳用ドロイドは、これから先もハリウッドがつくった空想の産物のままであろう。

異文化アジリティに含まれるのは、ビデオ会議や外国のレストランでのふるまい方を知ることだけではない。多文化なチームにシームレスに適応したり、まったく異なる生活をしている人々とうまく協働したりするためには、その文化へ深く浸ることが必要である。同じことはより身近な環境でも言える。会社ごとに異なる企業文化があり、それぞれが従業員に期待する行動様式は異なるため、異文化アジリティは転職するときに役立つ。たとえば、カリフォルニアのカジュアルなテック系スタートアップ企業から、ヒエラルキーのはっきりしたウォール街の企業へと転職する際の断絶を考えてみてほしい。

デジタル商取引の流れもまた、職場の規範を置き換えつつある。２００８年の景気後退のあと、商品の国際貿易は停滞したが、デジタル流通は劇的に増加し、ＧＤＰに占める割合を雪だるま式に増やしている。２０１６年のマッキンゼーのレポートによれば、国境を越える通信の量は、２００５年に比べて全世界で45倍に増加した。[*33] 世界の商取引の12%は現在、電子商取引となっている。機械間のやりとりが、通信トラフィックを増大させている。２０１９年までに、全世界でのデバイス間の接続の40%が、機械と機械との接続になると推定されている。[*34] それでも、人間も同様にこの世界的な動きに完全に組み込まれている。マッキンゼーの調査では、３億６１００万人が国境を越えた通信販売を行い、４４００万人がオンラインにより他国の仕事をしていて、９億１４００万人もの人々がソーシャルネットワーク上で国境を越えたやりとりをしている。[*35]

国際的な貿易が増加することは、文化の違いにより商取引が複雑化することを意味する。そして、複雑さが増すことで、誤解の可能性が高くなる。単純な仮定ですら困難になる。たとえば、数年前、ＡＬＳの研究にお金を寄付するか、さもなくば氷水の入ったバケツを頭の上からかぶるか、というチャレンジが流行した。アメリカでは、これは他愛のないミーム（模倣が繰り返される社会現象）とみなされ、重要な目的のために寄付を募ることを助けた。ところがインドでは、きれいな水を無駄にする衝撃的な行為とみなされたため、必要な人に米の袋を寄付するというアイディアに置き換えられた。[*36]

私たちは皆、まったく異なる背景の人々を理解し、彼らに共感し、ともに協力する必要がある。２０１４年時点で、アメリカにいる外国生まれの住民の数は、史上最高の４２４０万人を記録し、これは総人口の13・３%に上る。アメリカ生まれの移民の子どもも含めるなら、その数は

8100万人に達し、これは26％に相当する。[*37] 文化的に多様な経済では、最も成功する専門家とは、境界を軽く踏み越えることができ、異なる文脈で意思決定をする心理的ハードルが低く、異なる役割を統合し、それに適応し、そこで成功できるような人である。[*38]

混雑したバーで初対面の人に対応する方法や、新しい同僚の声の高さやボディーランゲージにどう反応したらよいかのアドバイスをくれる機械は、まだこの世界には存在しない（ただし、顔の表情を読むことができるソフトウェアには、飛躍的な進歩があったが）。[*39] 機械は、ビジネスマンの言葉の厳密な意味を伝えることはできるかもしれないが、言外の意味、暗黙の意味、文化的前提などを考慮しながらの交渉はできない。

異文化アジリティは、国境を越えた問題解決に不可欠である。自動車販売のマーケティング担当者は、アイオワ州ダビュークとドバイでは、まったく異なる宣伝キャンペーンを考えるだろう。同じように、ニューイングランドの病院の管理者は、高価なMRI装置の購入を求めるかもしれないが、同じMRI装置は別の文脈では役立たないだろう。たとえば、必要な送電網がない、あるいはメンテナンスサポートがないバングラデシュの診療所ではどうだろうか。そのような場合、最良の解決策はリバース・イノベーションだろう。つまり、発展途上国で利用可能なリソースで、安価にニーズを満たす方法を検討することである。この診療所の場合は、それは安価な電池式の医療機器を使用することかもしれない。

文脈はすべてである。そしてその文脈は、最高の知能をもつ機械でさえも、理解するのが難しい。グローバル経済は、ビジネスの境界線をなくした一方、人間の生活と仕事における文脈の多様性はそのままに残っている。高度な機械が限りなく多様な人間の信念や行動を操縦することを学ぶまでは、私たち人間が、自らが共有するこの異文化環境の主役であり続けるだろう。

しかし、どうやって教えるのか?

もし高等教育の目的が、単に学生の頭脳に情報を詰め込むだけのものであったなら、必要な道具は図書館カードかインターネット接続だけとなるだろう。しかし、大多数の人々は独学者ではなく、大多数の大学生はただ情報を読むだけで学位プログラムの内容を習得するわけではない。大学は学術的な内容を教えるために、セミナー、レポート課題、試験、その他の多様な道具を用いている。そのため、大学教育の目的を、知識内容の伝達への偏重から新しいリテラシーと認知能力の教育へと調整し直すに伴って、教授方法の道具箱も同様に拡張する必要がある。そこには、学問領域をまたがったテーマ学習、プロジェクト・ベースド・ラーニング(PBL)、現実社会との接続が含まれる。

テーマ学習により、教員は暗黙の学習のプロセスを系統立ったものに転換できる。伝統的なリベラルアーツプログラムでは、たとえば、表向きには教授はビクトリア時代の小説におけるジェンダーについての厳密な考察について教えながらも、暗黙のうちに明晰に書く力と批判的思考を教えている。新しいモデルにおいて、教員は、セーターを裏返しにするようにして、学習の裏に潜んでいるものを学生にさらさなくてはならない。授業内のあらゆる要素について、目的と手段を明示しながら、何を学び、練習し、獲得するのかを厳密に説明する。これは、昨今の高等教育に見られるような、学生の学力試験と大学評価に重点を置いた「アセスメント」の動きにすべて沿うことを必ずしも意味しない。そうではなく、教員自身が教育目的について自覚的であることを要求する。

したがって、テーマ学習のシラバスには、学習とディスカッションの各段階で四つの認知能力がどのように発達するかについて記載すべきだ。各回の講義には、それぞれに対応する明確な学習目標が定められる。演習、試験、模擬実習も同様の目的のもとに設計される。たとえば、持続可能な開発を教えるプログラムでは、環境科学に始まりデータ分析、都市計画、物理学、保健科学までに及ぶ関連概念を紹介しつつも、一つ一つの課題を通して、どのように学生のシステム思考スキルを構築するのかが細かく示される。ビジネスを教える講義の教授は、ケーススタディがどのようにアントレプレナーシップにつながっているのか説明すべきだろう。国際契約法の授業の課題には、それがいかに異文化アジリティを伸ばすかが添えられる。

学生はこれに加えて、各科目がたこつぼ化しないようにハンズオン・プロジェクトに参加する。これは、異なる分野をまたいで知識を総合する機会となる。たとえば、経営コースの科目とコンピュータサイエンスの科目で学んだことを組み合わせて、学生寮発のテック系スタートアップ企業を立ち上げるかもしれない。

教員が利用できるもう一つの道具が、教室のすぐ外にある。世界そのものが最良の教師なのだ。四つの認知能力を大学という閉鎖空間の外での応用に結びつけ育むことを教員自身がもっと考えるべきだ。システム思考を訓練する学生は、その知的スキルをどう現実生活に生かせるかを理解する必要がある。そうした場面では、教員は、学際的・複眼的な視点を通して複雑な問題を評価する能力が、たとえば気候変動に取り組む非営利プロジェクトチームのマネジメントに役立つことを教えられるかもしれない。重要な点は、新しいリテラシーの獲得と認知能力の向上が、単なる通知表の点数ではない、彼らの人生の目標にいかに役立つかを具体的に理解できるようにすることである。

分野をまたぐ系統的なテーマ学習、プロジェクト・ベースド・ラーニング、現実社会との接続というこれらの道具は、高等教育のロボット・プルーフなモデルで教えるのに必須のものである。しかし、そこで得られる学びが教室のなかに閉じ込められてしまうならば、それは即応性を失ってしまう。物語として聞くことと、主役として演じることは別のことである。人間は、プログラミングで動くロボットと違って、自分の感覚を使い、自らをとりまく環境と人生の豊かさのなかを探究することで、非常に深い学びを獲得していく。機械とは異なり、私たちにとって最も優れた教師は、経験なのである。

第4章 経験がもたらす違い

２０１１年、ＩＢＭのスーパーコンピュータであるワトソンは、クイズ番組「ジェパディ！」に参加する最初の機械となった。対戦相手は、連続勝利記録をもっていたケン・ジェニングスと、番組史上最高額の賞金獲得者であったブラッド・ラター。番組の歴史上最も偉大な二人のチャンピオンだった。ワトソンは人間の対戦相手を徹底的に打ち負かした。だが、まったく間違えなかったわけではなかった。

ある問題では、司会者のアレックス・トレベックが「１９０４年（オリンピック）の平行棒で金メダルを獲得したアメリカの体操選手ジョージ・エイゼルの身体上の変わった特徴」というヒントを出した。ジェニングスは、エイゼルが腕を失っていたという誤った解答をした。そこでワトソンは「脚（leg）とは何でしょう？」と口を挟んだ（「ジェパディ！」では、「○○とは何でしょう？」という疑問文の形で回答を述べることになっている）。ワトソンは体の部位を正しく推測したものの、脚を「失っていた」と気づくことはできなかったのだ。ワトソン・プロジェクトを主導したデイヴィッド・フェルッチは、コンピュータはおそらく「変わった特徴」という言葉によって間違いをおかしたのだろうと述べた。ワトソンは、脚がないのは一般的ではないことを知らなかったのだろうと。*1

しかし、ワトソンの最大の間違いは最終ラウンドの2日目に起きた。「アメリカの都市」というカテゴリーの問題で、「その都市で一番大きい空港の名前は第二次世界大戦の英雄の名をとってつけられており、二番目に大きい空港は第二次世界大戦の戦闘にちなんで名づけられている」というヒントが出された。人間の回答者は二人とも「シカゴとは何でしょう?」と正しく答えた。しかしワトソンはヒントの厳密な言葉づかいに着目するようプログラムされており、カテゴリー名はあまり重視しなかった。ヒントの文章には「アメリカの都市」という言葉がまったくなかったため、間違った推測をして「トロントとは何でしょう?」と答えた。

こうした間違いはあったものの、ワトソンは人間にたやすく圧勝した。対戦直後、ジェニングスは『スレート』誌に敗戦についてのエッセイを寄せている。「20世紀に新しい組み立てラインのロボットによって工場の仕事がなくなったように、ブラッドと私は『考える』機械という新しい世代の機械によって仕事から追い出される初めての知識産業労働者となりました。『クイズ番組出場者』はワトソンによって不要になった最初の仕事でしょうが、これが最後ではないことを私は確信しています*2」。

ジェニングスはたしかに正しいかもしれない。しかし、彼を慰めようと伝えられた事実は、より興味深いものだった。IBMエンジニアの一人がジェニングスに、クイズ番組での彼の連続勝利がワトソン・プロジェクトを鼓舞したと伝えたのだ。そのエンジニアは、「私たちはあなたの対戦を何度も何度も見て、あなたの戦い方を確認したのです。ワトソンのなかにはあなたがたくさんいるんですよ」と言った。

エンジニアのコメントが示唆しているように、機械学習はある点では人間の学習と似ているが他の点では非常に異なっている。ワトソンなどのコンピュータは、入力されているデータに網を投げ、そのなかからパターンを探す。コンピュータは、自身がもっているデータ集合から導かれる最大限の合意に基づいて「正しい」答えを選び出す。多くの意味で、これは情報のクラウドソーシングと言える。ワトソンの場合、入力データの一部にジェニングスの戦い方や戦略が含まれていたのだ。

高度な処理能力をもつコンピュータは、より広い情報の蓄積にさらされることを通して性能を向上させる。人間の脳はそれほどの膨大なデータを取り込むことができないため、ある時点を超えるとこの学習方法を用いることはできない。しかし、人間の脳にも有利な点はある。

「ジェパディ！」に出場した人は知識不足や反射の遅れ、苛立ち、あるいは単にシナプスのちょっとしたトラブルによって間違った解答をした。しかしワトソンの間違いは、文脈のせい、あるいはその不足によるものだった。エイゼルの脚の場合、ものごころがついてからの人生においてほとんどの人間が二足歩行であることを見てきた人であれば、四肢を失っていることが一般的ではないのはすぐにわかる。同じように、トロントという、子どもでもしないような間違った推測をしたとき、ワトソンは初歩的な地理の知識をもっていなかったわけではない。そうではなく、質問そのものが示している範囲の外側について考えることに失敗した。つまり、文脈を認識できなかったのだ。

コンピュータにとって文脈を解釈するのが難しいのは、コンピュータもデジタルな環境と物理的な環境にまたがって存在しているものの、人間の世界のような無秩序のなかで生きているわけではないからだ。センサーを備えたコンピュータが進歩していくに従って、都市の道路や仕事場、家庭といった実世界で稼働し、そこから学習することができるようになってきている。それでもコンピュータは人間の生活を経験することはできない。そして、人間の経験を通して世界を知ることができないため、人間の文脈を完全に説明したり正しく認識したりする能力をもたないのだ。

前章では、三つの新しいリテラシーに基づいた四つの認知能力を高めるためのヒューマニクスの教育が、伝統的な高等教育における教授と学習を乗り越える一つの方向性であることを確認した。しかし、学習者をキャリア全体においてロボット・プルーフにするだけではまだ十分ではない。ヒューマニクスにおける熟達を促進するためには、教室やデジタルな環境よりむしろ、さまざまな生き生きとした環境での経験学習が人間には必要なのだ。機械学習が進歩するに従い、コンピュータは批判的思考、システム思考、そして異文化アジリティといったより高度な認知能力を伸ばし続けていくだろう。しかし、人は、文脈を解釈して判断し、行動し、確かな決断をするためのレンズを備え、それを通して人生を眺めている。私たちは経験から学ぶからこそ、このレンズを身につけている。しかし、コンピュータはこのレンズをもっていないのだ。

高度な処理能力をもつ機械は、人工的なニューロンが試行錯誤を通して徐々に調整しながら強いあるいは弱い結合を形成することにより学ぶ。同じように人間も、シナプスの結合が強くなったり弱くなったりすることで学ぶ。主な違いは、私たちは純粋な数値データの入力ではなく、経験を通して知能の結合を強めたり弱めたりすることだ。第3章では、人間の学習は段階を踏んで行われるときに最もうまくいくことを確認した。自身が認知能力を能動的に高めていることを学習者は理解しなければならないのであり、またその能力をどのように適用するかについて理解する必要がある。最も大切なのは、実際にその能力を適用し、現実世界の状況で積極的に使用して、その結果を見極め、影響について振り返ることだ。経験学習の目標は、教室と現実世界との境界を取り除き、絶え間ない多側面的な学習のためのエコシステムをつくることである。それにより、学習者は偶性や人生の予期しない大きな発見と不思議さに満たされ、脳がいまだ踏み入れていない経路へと導かれる。それまで直面したことのない状況で交流し、創り出し、考えて、即座に行動する機会を与えるのだ。人間の学習者は、予測できない多様な経験に没頭するとき、身につけてきたものによる制約から逃れるのであり、これはコンピュータにはできないことだ。自分自身のプログラミングを振りほどき、知性をより高めるのである。

経験学習とは何か?

経験学習は、教室と現実世界での経験を統合するという点でいかなる伝統的な学習形態とも異なるモデルである。それは、キャンパスの門を大胆に開け放ち、世界全体を潜在的な教室、図書館、あるいは実験室にする。一般的な経験学習では、学生はインターンシップ、コーオプ、ワークスタディ〔アメリカの学生への経済支援に関する連邦プログラムの一つで、所属する大学等の学内ないし認められた学外での仕事に対する報奨として支払われる奨学金〕、グローバルな経験、あるいは独自の研究課題に取り組む。しかし、その原理は、情報を受動的に吸収すること以外のあらゆる学習に適用できる。

つまり、学術的な環境の外で何かに取り組み、そのなかで学んでいるのであれば、それは経験学習なのだ。

「習うより慣れよ」とはよく言われることだ。しかし、経験学習の力は実践を新しい文脈に位置づけることにある。経験とは事実や出来事との接触やそれらの観察を意味する。わかりきっていることだが、学習は私たちが行動し考えたときに生じる。ただ経験学習の潜在的な力は、自身とヒューマニクス、そして現実世界が意図的に統合されたときに大きく高まる。学習者は自分自身の知識を確かめ、試し、磨くという継続的なプロセスをたどるが、それを場当たり的に行うのではない。真の統合が何にもまして重要だ。教室で学んだことを生活の文脈に適用させることと、現実世界の知識を教室の文脈に適用させることとは、双方向でなければならない。これが意図的になされたならば、そして注意深く慎重になされたならば、学習者は自分たちの洞察力を曇らせていた前提や習慣の皮をはぎとることができる。自分自身の能力や現在もっているスキルや知識、好み、成長の余地が明確に見えるようになる。結果として、世界をよりよく理解でき、それに伴い自分の考えもよく理解できるようになるのだ。

多くの点で、経験学習は、個別化された教育を実現するための最も洗練された手段である。学習者の経験はそれぞれの生活に特有の文脈によって形成されるため、どんな機械にもできない方法で学んでいる。変化する現実につねに適応しようとするなかで、学習者は予期しない結合をつくる。グーグル検索では決して得られないようなひらめきをあちらこちらで得て、創造性を鍛え知能の柔軟性を伸ばすのだ。このプロセスを通して、学習者はよりロボット・プルーフになる。

しかし経験と学習は一体どのように結びついているのだろうか。教育における経験の価値については何百年ものあいだ議論されてきた。一部の思想家は、文脈は学習のきわめて重要な側面であると主張している。たとえば、合理主義者たちは不変である現実についての真実にたどり着くには理性だけで十分であると主張しているのに対し、経験主義者たちは現実についての知識は感覚によって得られる観察、つまり経験の文脈から生じなければならないとした。アメリカの偉大な教育者であり哲学者であるジョン・デューイは、考えの妥当性は人間の経験に照らして確かめられなければならないとし、そのような経験に基づく学校教育の形態について論じた。彼によれば、児童はまっさらな石板ではない。むしろ、デューイは、過去の経験や知識の蓄積を基礎に置き次のように述べている。[*3]「ある状況において学んだ知識やスキルは、その後に直面する状況をより効果的に理解し対応するための道具になる。このプロセスは人生と学習が続く限り終わらない」。

デューイと対照的に、伝統主義の教育者たちは「アリストテレスや聖トマス〔トマス・アクィナス〕の論理学で表現された究極の第一原理の論理」への回帰を要求し、知識の基盤としての経験を否定した。デューイはこの選択を「あらゆる現代の生活状況への理解がないもの」だと考え、「この方向へ救済を求めるのは愚かなことだと確信している」とした。その代わり、彼は「経験に本来備わっている知的探求の型と理想として、そして可能性の開発としての科学的方法を体系的に利用」しつつ、生きた経験を教育の基盤に据えることを求めた。[*4]つまり、教育を閉じられた心の文脈から取り出し、世界全体のなかに開いていこうとしたのだ。

デューイと経験教育についての彼の考えは多くの支持者を触発した。1970年代に、教育理論家のロナルド・フライとデイヴィッド・コルブは、デューイの考えを継承し、「教授学習プロセスを理解するための統合的枠組み」を打ち出した。[*5] 彼らは、確認、試行、改善のプロセスを取り巻く四段階サイクルを考案した。第一段階では、学習者は実際に為すこと、つまり直接的で具体的な経験をもつことから始める。次は観察と振り返りの第二段階。第三段階は抽象的な概念を形成し一般化を行う「思考」の段階。最終段階は計画で、新しい状況でこれらの概念の影響を試す段階である。このサイクルは繰り返され、学習は続いていく。

たとえば、技術系企業への投資家が、自身の保有している株の価格が上がったことを知ったとする。そして彼女は、会社が新しい製品の販売を発表した直後にそれが起きたということに気づく。次に、その会社が6ヶ月以内にまた違う製品の販売を計画していて、株価をさらに上げるかもしれないことを知る。最後に彼女は、投資している別の企業が競合製品を発売した直後に、株価が上がるかどうか確かめようと考える。四段階のプロセスはこのように進む。

なぜ経験学習は効果的なのか?

実践は学習者を熟練者に近づけるが、たとえばバイオリニストは単に楽器の弦に弓を繰り返し走らせているだけでは名手になれない。学習が効果的であるためにはまず、それが構造化された順序に従っている必要がある。学習科学が教えるところによれば、いかなる複雑な対象を習得するためにも、学習者はまずコンポーネントスキル（要素技術）を獲得しなければならない。[*6] 二つめに、それらのスキルを与えられた文脈に統合する練習が必要である。三つめに、学んだことをさまざまな文脈に適用しなければならない。たとえば、意欲的な料理人はまず基本的な包丁の技術、料理の専門用語、そして出汁やソースの調理方法を教室で学ぶだろう。[*7] 次に、料理学校でレシピに書かれた料理をつくることによってこれらの要素を統合する。最後に、レストランの忙しい夕食時間帯にてこの知識を適用する。

この獲得・統合・適用という一連の流れが専門性に結実する。無知から熟達への学生の成長は、意識と能力という軸を用いて四段階に分けて考えることができる。[*8] 第一の段階では、学生には能力がなく、またそのことに気づいていない。どのくらいわかっていないかをはっきりと理解するための知識を十分にもっていないのだ。第二の段階では、その程度が徐々にわかり始め、学ぶべきことがたくさんあることを理解し、それに従って、能力がないことを自覚している状態になる。さらに進むと、意識的でかつ能力がある状態、つまり慎重さと意思があればうまくできる状態に到達する。最後の段階では、本能のままにその分野で最高のパフォーマンスを出せる、無意識に能力を発揮できる状態へと解放される。また料理人のたとえを用いよう。ミルポワ〔フランス料理の用語で、さいの目に切った野菜をバターで炒めたもの〕などまったく聞いたこともない人が、料理学校に入学する。彼女は、それまで味わったことも、ましてやゼロからつくったことなどない出汁やソースがたくさんあることを理解し始める。数ヶ月の実践を経て、彼女はようやく満足にビーフ・ウェリントンをつくれるようになる。そしてついに、デザートのスフレをつくる手を止めることなく、キッチン全体を指揮できるようになる日がくる。

高いレベルでの熟達を達成するためには、料理人あるいはあらゆる学習者は、まず、前述のスキルや知識の獲得、統合、そして適用の順序に従わなければならない。獲得と統合は、学問の場でも行われる。本書のロボット・プルーフな学習モデルに話を戻すと、学生は新しいリテラシーなどの知識内容を教室で獲得する。そして、レポートの執筆やプロジェクトの遂行、実験の実施など管理された課題を通してそれらを統合する。しかし、本当の熟達に達するのは、新しい文脈にそれらを適用できたときだ。ここで経験学習が機能する。経験学習は、統合した構成要素を複雑かつ生きた文脈に適用する機会を学習者に与え、学習の三つのステップを完成させるから効果的なのだ。

学習の最終段階にあたる適用はきわめて重要であり、そこでは転移の原理が作用する。ある文脈で学んだスキルや知識を別の文脈に適用することに学生が成功したときに転移は起きる。両者の文脈が似ているとき、たとえばエリザベス朝の演劇についての授業で学んだ考え方を王政復古時代の詩歌に適用するのは、近い転移だ。学生は理論、概念、あるいは一連の知識を、新しいが大まかには類似した文脈に用いる。もし両者の文脈が大きく異なる場合、たとえば王政復古時代の詩歌についてのセミナーで磨いた批判的思考スキルをマーケティング会社の広告キャンペーンをつくるのに使用する場合、遠い転移が起こったと言える。そのとき、学生はまったく新しい状況に直面しているが、距離をおいて考え、問題を解決するために、自分がもっている知識をその文脈のなかでどう使えるかを理解できている。

遠い転移が教育の究極の目標であると主張する教育者もいる。学習は、教室を出た瞬間に効果がなくなってしまうのであればあまり役に立たない。しかし、遠い転移を行うのは難しい。研究で

は、よく知らない状況に学習内容を適用できる学生は多くないことが示されている。[*9]よく知ってい
る文脈にあまりにも依存しており、新しく適用する柔軟性を欠いているのだ。また、自身の分野に
ついての深い理解ももたない――つまり、それが「何か」は知っていても「なぜか」を知らない――
こともある。そのため、異なる状況でその知識をどう使えるかがわからないのだ。

この困難を克服し、学生たちに遠い転移を身につけさせるための鍵となるのが、文脈を横断する理論的知識と生きた経験の組み合わせである。[*10]たとえば、学習科学において影響力のある文献『学習はどう機能するか（How Learning Works）』〔邦題：『大学における「学びの場」づくり』〕で引用されている研究では、研究者は二つのグループの学生たちに水面下1フィート〔約30センチメートル〕に置かれた目標にダーツを投げるように求めた。[*11]両方のグループとも、練習を重ねてより上手に目標に当てられるようになった。その後、教師は一つのグループに光の屈折の原則について教える。目標が異なる深さの位置に置き直されたとき、抽象的概念を学んだ学生は自分たちの投げ方をよりうまく調整し、教えてもらわなかったグループよりも高い点数を取った。つまり、学術的あるいは理論的な知識が、学生たちの経験的知識を新しい文脈にうまく転移させることを可能にしたのだ。

異なる文脈の問題について考えることを学生に促す練習は、指導者や監督者による即時のフィードバックと同じくらい、転移の力を身につけることを助ける。これは、職場環境など、学習の結果が実生活に直結する場合にとくに効果的だ。たとえば、オランデーズソースの泡だて方を料理学校で学んださきほどの料理人は、忙しいブランチ時間に「ソースを温め過ぎないように」と副コック長から注意されるかもしれない。こうした教訓は、実世界の圧力のなかで定着する。彼女は副コッ

ク長からのフィードバックを取り入れ、エッグ・ベネディクトを上手につくり、熟達度を向上させるのだ。

なぜ経験学習によってロボット・プルーフになれるのか?

学習者が自らの知識を実生活の状況で実践するときに、自分自身や自分の強みと弱み、そして自分の原動力と可能性についてより良い理解が得られることを見てきた。学習者は認知能力を向上させ、ロボット・プルーフなレベルの創造性と思考の柔軟性——どちらも遠い転移の一側面だ——を獲得する。対照的に、創造性、アントレプレナーシップ(起業家精神)、あるいは異文化アジリティを発揮したコンピュータはいまだ存在しない。たしかに機械は、認識可能な問題に知識を関連づける能力を絶え間なく高めている(つまり、近い転移の能力を向上させている)ものの、少なくとも実生活における無限の文脈では、遠い転移をうまく成し遂げることはできない。

将来的には、進取的な機械が金融コンサルタント会社を設立したり、アメリカと中国の弁護士間での知的財産についての緊迫した交渉を解決したり、何百万もの「いいね」を集める独自の動画を投稿したりするかもしれない。しかし、こうしたことは現在まだ実現できていないし、近いうちにはできそうにない。人間がこれらを行うためには、ロボット・プルーフな認知能力を用いなければならない。つまり、遠い転移を習得できるという能力は、高度な機械に対する私たちの競争的優位性なのだ。

遠い転移の実践は、心《マインド》をほぐすだけではなくマインドセットを拡張することにもつながる。心理学者のキャロル・ドゥエックが提唱したマインドセットという概念は、なぜ経験学習が強力かを理解するうえで核心をなす。ドゥエックによれば、人々は「硬直したマインドセット」か「しなやかなマインドセット」のいずれかで状況に対応している。硬直したマインドセットは、不都合な状況を障害としてしか見ることができない。このマインドセットでは、人々は自分の特質や能力は決まっていて固定されていると信じている。そこには思考の柔軟性がなく、自分は賢いか賢くないか、社交的か否か、数学が得意か不得意かのどちらかだと考える。このマインドセットは、学校での失敗に対して低い成績という罰が与えられることで、子どもたちのなかで強化される。多くの伝統的な教室では、罰と褒美の繰り返しが、成功と認められることを何よりも重視するよう子どもたちに教える。子どもたちはつまずきを好機ではなく個人の失敗として捉えることを学ぶ。このマインドセットにとらわれている人は、環境は越えることのできない柵であると信じる傾向にある。偉大な芸術家、アスリート、学者は生まれながらにしてそうだった、あるいは運よく成功したと考えるのだ。これは結果的には人々の可能性を狭めてしまうととらわれた見方である。

他方、しなやかなマインドセットをもつ人は、自身がいる文脈、そして自身の思考の文脈までも変えることができると信じている。個人の資質は変わりやすい。この視点からすると、逆境は否定的な文脈ではなく学習や向上の機会となる。たとえば、とくに社交的ではなくても、カクテルパーティーに出向き人と会うことを選択できる。いまは数学が得意ではないかもしれないが、計算問題を練習し続けることができる。

しなやかなマインドセットは、生まれもった才能や環境は固定された文脈ではなく、そこから向上していく単なる出発点であると考える。しなやかなマインドセットをもつ人は、努力と勤勉を通して自分の能力を変えられるという確信をもっている。そして自立的になる。そのことはつまずきを将来の成功へと転換するのに明らかに役立つ。ただし、成功を単に勝つこととは考えていない。この人々にとっては、いかなる文脈においても学習の機会こそ真の価値なのだ。

言い換えれば、しなやかなマインドセットは一般的に、自分自身の学習の状況や文脈、そして状態は本来的に良いものでも悪いものでもないと仮定する。それらの価値は、自分の考え方次第だ。しなやかなマインドセットは、批判的思考やシステム思考といった認知能力を伸ばすうえで不可欠なものである。それらはともに、広大な海、たいていは未踏の水域へと知の網を投げることを求めるからだ。そして、これは最もロボット・プルーフな人、つまり自分で方向を決めていける生涯学習者になるための鍵でもある。

ドゥエックは、このマインドセットは別の能力の基盤でもあると述べている。「創造性について研究する143人の専門家へのアンケートでは、創造的な成果を生み出すための最も重要な要素は何かについて広い合意が見られた。それは、まさにしなやかなマインドセットによって生み出される種の忍耐力とレジリエンスだった」と彼女は記している。[*12] このことは、すでに発散的思考と収束的思考に関する先の議論で少し見た。ここで出てくる問いは、学生が硬直したマインドセットにはまっているときに、いかにしてそのことに気づかせ、そこから抜け出すことを促すのか、そしてどのような心理的な後押しがしなやかなマインドセットの道へと学生を押し戻すのか、ということだ。

教室での指導は役立つ。学生に対してマインドセットという考えを単に教えるだけでも、そのことに注意を向けさせ、自身を変える努力を促せるという証拠が示されている。しかし伝統的な学習の文脈のなかでドゥエックの理論について読むだけでは十分ではない。学生がしなやかなマインドセットを発揮し創造力を高めるためには、それを使用する経験が必須である。為すことによって学ばなければならないのだ。

経験は、学習の理論的側面を超える部分を実現するための触媒となる。さまざまな状況や文脈を経験することによって、私たちは感情を掻き立てられ、信念を疑い、別の思考の筋道を試す。このような、ほとんど潜在意識的な思考の要素が、私たちの頭の成長を促す。そしてこの潜在意識的な要素はコンピュータ・プロセッサには真似できないものである。機械によるディープラーニングは、パターンを探してデータをスキャンすることで進む。人の経験学習は、刺激に満ちた世界にさらされることを通して進む。その成果は、森林に降った雷雨の影響や川底への水の流れのように複雑で予測できない。

コーオプを通した経験学習

大学生にとって経験学習の最も身近な形態の一つは、コーオプ教育である。しばしば単に「コーオプ」とも呼ばれ、教室での学習と専門的な職場での長期にわたるフルタイムの活動を学生が交互に行い、その後二つを統合するという教育モデルである。このアプローチは高等教育機関において長い歴史をもつ。建築家でありエンジニアであり教育者であるヘルマン・シュナイダーが、1903年にシンシナティ大学の教員として着任した直後にこのモデルを考案した。数年後、ノースイースタン大学がこのモデルを採用した。ノースイースタン大学やコーオプを採用した他の大学はこの学習方法を支える強固な制度構造を徐々に開発し、学部やカリキュラムに統合させてきた。これらを確立し維持するのは簡単なことではなかった。

ノースイースタン大学のコーオププログラムは、百年間に及ぶ熟考を重ねた改良、学習科学の進展、試行錯誤、セレンディピティ、そしてハードワークのたまものである。20世紀初頭に始まった頃には、新米の自動車整備士と電気技師として働く経験を学生に与えた。今日では、世界中の130か国以上、3300社の雇用主とのパートナーシップからなる成熟した経験学習モデルとなっている――配属先には、ときおり南極大陸も含まれる。

このグローバルな性質がプログラムの成功にとって重要である。世界を理解すること、そして究極的には世界を変えることを学生に教える最善の方法は、そのなかに学生を放り込むことだと私たちは信じている。そこで、私たちは可能な限り多様な国、企業、組織で生活し、学び、専門的な経験を得る機会を学生に提供している。異なる文化に浸り、異なる専門的状況で自分自身の力量を示し、異なる問題や課題、社会問題の理解を経験することによって、私たちの学生は世界や自分が学んでいる学問、そして自分自身についてのより深い理解を得る。コーオプの経験から大学に戻ってきた学生たちは、これらすべてをその後の学術的な学習に生かす。

コーオプは一般的に6ヶ月間行われ、その後学生は学問の場に戻る。ノースイースタン大学のほとんどの学部生はコーオプに取り組む――実際、ほとんどは複数のコーオプを修了する――ため、さまざまな学問分野の学生に適したプログラムでなければならない。経営学を専攻している学生は金融会社でといったように、一部の学生は自分が学んでいる専門領域に近いコーオプを探す。健康科学を専攻している学生が「個別化医療」の治療モデルを実施している医療センターでのコーオプに応募するなど、専門分野で最先端にあるコーオプを探す学生もいる。また、デザイン専攻の学生がNASAでのコーオプに従事するなど、自分の専門分野からは離れたコーオプを求める学生もいる。学生たちは、純粋な興味や学びたい気持ちから選んでいる場合もあるし、自分たちの専門分野とコーオプの配属先との関連性についての興味深い考えをもっている場合もある。

コーオプについて調べ、面接を受け、実践するというプロセスは、多くの学生にとって自分が何を学びたいのか、何を専門的に追究していきたいのかを決めるのに役立つ。また、ある分野でのコーオプを終えたあと、自分が学びたい、あるいはキャリアとして追究したいと考えていた分野が実は自分に向いていなかったと判断する学生もいる。さらには、自分が起業したい分野について理解するためにコーオプを利用し、コーオプ修了後に起業するといった学生もいる。

学生とコーオプのマッチングのために、大学では、学生と雇用者の双方とつながりをもつコーディネーターや、学生のキャリア支援を行うコーディネーターからなる大きなネットワークを抱えている。これらの熱心な職員は二重の機能を担っている。一つは、学生がコーオプを探し、仕事で得る学習成果を決め、終了後に経験を豊かに振り返るのを助けることだ。ノースイースタン大学の学生はコーオプに応募し採用されなければいけないが、すべての学生が自分の応募したところで機会を得られるわけではない。そうした学生はまた別のコーオプへの応募に向けて準備することになるが、そこで自身の経験を評価し振り返ること自体が学習経験になる。

二つめは、学生に有意義で質の高い経験を与えられるように雇用者と協働するという機能だ。それとともに、コーディネーターたちは企業、組織、事業がコーオプで来る学生に求める成果物や貢献を明確にすることによって、学生が雇用者にたしかな価値を提供できるよう努める。

一般的な学部生は、1回目のコーオプを2年生のときに開始する。自分の専門分野における確立されたある程度の基礎知識を得たのち、履歴書作成や就職面接、自分のキャリアの関心や目標、求職方針の形成などの実践的なスキルを学ぶ準備クラスに登録する。開かれたマインドセットでコーオプに入れるよう、マインドフルな学習の原則を学ぶ演習もある。この目的は、コーオプでの経験が授業で学んだこととどうつながるのかの明確な見通しをもち、自分が何を達成したいのかについて熟考したうえで、コーオプの専門的な環境に臨めるようにすることだ。

適したコーオプ先を見つけたあと、学生とコーオプ先の指導者は詳細な業務上の責任と学習目標について書き出す。教室で学んだことを職場の課題に応用することによって、コーオプに取り組んでいる学生は遠い転移を繰り返し実践し、批判的思考やシステム思考、アントレプレナーシップ、異文化アジリティといった認知能力を強化する。さらに、自分の行動が実際に何をもたらすのかを経験する。教室の場では、準備が不足していたり3段階先を考えることを失敗したりしても、小テストに落ちたり実験をやり損なったりするだけだ。職場では、大人としての生活やキャリアは言うまでもなく、収益を損なうことにもなりうる。

6ヶ月が終わると大学に戻り、学生は経験を分析したレポートを書いたりディスカッショングループで話したりして、コーオプで生活し、学び、働いた経験を他の学生と共有する。この報告はコーオプモデルにとって不可欠な要素だ。これは、学生が専門的環境やより広い世界に浸されるなかで学んだことを、自身の専門分野や大学生活に意識的に統合するのに役立つ。

結局のところ、俳句と叙事詩が別物であるのと同じくらい、コーオプはインターンシップとは異なる。学生にとって、コーオプは目的を課された深く長期にわたる学習経験だ。コーオプを終えたあと、学生は自身の学問分野や専門的な職場のリズムやニュアンス、そして自分が生活し働いた世界の一部についてより理解できるようになる。最も重要なのは、自分自身のことをより理解できるようになることだ。

学生が幅広い高次のスキルを向上させ、よりロボット・プルーフになるうえでコーオプが役立つことを示す興味深い実証的証拠もある。２０１５年にノースイースタン大学は、製造、科学技術、金融、保険を含む25業種における１０００名の雇用主を対象とする科学的なアンケート調査を実施した。対象者にはノースイースタン大学の卒業生（すべての学生がコーオプを修了していた）を近年雇用していた雇用主もそうではない者もいた。

私たちは、雇用主に近年の卒業生のスキルに対する考えを尋ねた。その結果は目を見張るものであり、経験学習の力を示すものだった。たとえば、批判的思考、分析的思考能力、問題解決能力、情報収集・処理能力、多様な集団との協働性を含む九つの高次スキルのスペクトラムにおいて、雇用主たちはノースイースタン大学の卒業生を他の大学の卒業生よりもかなり高く評価したのだ。同様に、リーダーシップや主体性、チームワーク、柔軟性、向学心、創造性を含めた他の11の特質に関しても、雇用主たちはコーオプや他の経験学習の機会の恩恵をおそらく受けてこなかった人たちよりも、私たちの大学の近年の卒業生を高く評価した。これらの違いはすべて統計的に有意だった。*13

そのため、高等教育においてコーオプや経験学習のモデルがもっと普及するべきかと尋ねられたとき、雇用主たちが完全に肯定したのは驚きではない。たとえば、ノースイースタン大学が経営役員幹部や企業のリーダーたちを対象に実施した全国調査では、96％の人が教育プログラムと実践経験を統合することは重要だと答えた。おおよそ半数は、新しいスキルと産業に関連した能力を学ぶことが、就職して最初の5年間に従業員がやるべき最も重要なことだと報告した。*14 このように、フルタイムの専門職につく前からこのプロセスを始めるコーオプのような学習モデルは役に立つ。アメリカの一般の人々も、コーオプや経験学習の広範囲におよぶ利点を理解している。別の全国調査では、85％以上の回答者が、コーオプのモデルは学生の応用的なスキルを向上させるのに役立ち、就職希望者に実生活に出る備えをさせ、今日の労働市場で職を見つけるうえでの良い準備となることを認めている。*15

コーオプの実践

コーオプと経験学習が、どう人間にとってロボット・プルーフなスキルの開発につながるのかを見るために、ノースイースタン大学で数学と経営学を専攻しているキャサリン・エルデーイの例を紹介しよう。彼女は、数学の教員になる道を探るために大学へとやってきた。しかし、そのコミュニティで初めてボランティアをしたあと、彼女はその道が自分に合っていないことに気づき、より分析的な道へと方向転換した。保険計理人《アクチュアリー》としてのキャリアの可能性を勧める教員アドバイザーの提案に従い、彼女は保険会社でリスクをモデル化するのに使われるソフトウェアの開発会社でコーオプを行った。キャサリンは「私が取り組んでいた仕事のほとんどは、カタストロフィボンド（大災害に関するリスク関連証券）についてのものでした」と教えてくれた。「投資者はハリケーンがこなければ、利子を得ることができると考えて投資しますが、もしハリケーンがきたら、巨額のお金を失うことになります。その証券のリスクを知るために、いくらかの、またはすべてのお金が失われる閾値を計算します[*16]」。つまり、彼女は批判的思考力を生かして、複雑な、また実生活に紐づくプロジェクトに取り組み、大学で学んだ数学のスキルを職場というまったく別の状況で応用することができたのである。

リバティ・ミューチュアル保険やジョン・ハンコック（マニュライフ生命保険）といった企業でのコーオプに続いて、キャサリンはコンピュータモデルからの結果を解釈するためにシステム思考を用いた。「私はリスクマネジメントの部署で働いていました」。たとえばハリケーンがフロリダを襲った場合に企業が被る損失を、モデルを用いてどう導いたか説明してくれた。「アナリストとしての私の仕事は、どうデータを読み取り、誰にそれを伝え、なぜそれが重要なのかを割り出すことでした。私は関連企業にもそれを送らなければなりませんでした。もし損失がXドルになるとしたら、確実にそれに備えることも必要でした。再保険を買わなければならないのか、もしくはフロリダの多くの家への保険の提供をストップするべきなのかなど、戦略的に考えなければならなかったのです」。

キャサリンの例では、システム思考が利益か損失か、成功か失敗かをわかりやすく左右する。どんなアルゴリズムも、問題、事象、数、そして戦略の全体を俯瞰的に評価する彼女の思考の柔軟性を真似ることはできない。どのコンピュータも彼女ほどの広い視野で状況を捉えることはできないし、会社という生きた文脈で正しい決断を即興で行うこともできない。これらの経験を通して、キャサリンは認知能力の訓練をしただけでなく、より柔軟に考え、雇用主たちに莫大な価値をもたらす方法を学んだのである。

次に、私の大学で政治科学と国際関係を専攻するマッケンジー・ジョーンズの例を考えてみよう。ボスニア・ヘルツェゴビナにおける組織犯罪・汚職レポートプロジェクトでのコーオプの間、彼女の仕事はバルカン諸国や他のヨーロッパ地域、中央アジアのニュースを日々チェックし、とくにその機関のミッションに関する記事を見つけることであった。もし興味深い記事を見つけたら、その概要を書くのである。ただその前に、記事の正確性を調べなければならなかった。そのために異なる文化背景をもつ人々と話す必要があったが、それは簡単ではなかった。「インターネット上の情報は信頼できるかどうか決してわかりません」とマッケンジーは振り返る。「私は報道機関に連絡し、『英語を話す人は誰かいますか？　何が起こったか教えてもらえますか』と聞く必要がありました」[*17]。

機械的知能——グーグル翻訳のことだ——がマッケンジーを助けてくれた。しかし、それはその記事が真実か、まったくのでっち上げであるかどうかを確かめる役には立たなかった。コンピュータは簡単にニュースの記事を集め、翻訳してくれるが、その価値を測る判断力に乏しい。この重要な点において、マッケンジーにはどのソフトウェアにも負けないアドバンテージがあったのである。「慎重でなければなりません。もしかしたら何かを誤って解釈し、それを繰り返せば、嘘を広めて信用を失ってしまうかもしれないからです」と彼女は言った。「さらに、誰かの名誉を不当に傷つけることは違法です」。最近のソーシャルメディアにおける「フェイクニュース」の急増は嘘の情報と、チェック機能を介さないテクノロジーとが組み合わさることの危険性を示している。テクノロジーには虚偽の情報から真実を見つけ出す識別力が欠けている。人間の判断にも大いに欠点はあるが、人間は何が事実で何が嘘かを確かめるため、文脈情報、つまり（あまり表に見えないものも含む）人々の動機などから真実を嗅ぎ当てることに熟達している。

こうした微妙なニュアンスや相対性の感覚は異文化アジリティの重要な一部分だ。感受性の強い、順応性のある思考態度は「共感」の源泉でもある。共感は、グローバル化、テクノロジーの複雑化が加速的に進む時代において、なくてはならない共有財産だ。たとえば財政学と政治科学専攻のメアリー・トービンは、スイスのジュネーブにある国連で5週間を過ごし、軍縮交渉について学んだ。「私は多くの国の国連使節と会いました」と彼女は言った。「彼らはいまだに地雷で手足を失うという悲惨な問題を何十年も抱えるカンボジアなどで、地雷の使用や撤去に関する規制をつくる活動をしていました」[*18]。

それらの難しい問題に身を投じたメアリーは、人権、国際法、ロボット兵器の使用に関する研究を進めていった。「そこには、他の人間に向けて引き金を引く決定を実際に行う人間がいません。また相互検証のシステムすらありません。このことについて学べたのは本当に啓発的な経験でした」。ニュースでしか見ないような悲劇を経験した人々と直接話すことにより、メアリーは法律の複雑さや、倫理的な解釈というテーマの深い探究へといざなわれたのである。彼女は、テクノロジーが暮らしを脅かしていると過剰に恐れる人々がいる一方で、ソフトウェアに生と死をゆだねるという真の脅威に目を向ける人々もいるという考えをもとに探究していった。

経営学、政治科学専攻でイノベーションやアントレプレナーシップを主に学ぶアリ・マタロンが、授業で学んだことを一見解決困難な問題に応用するように導いたのも、「共感」であった。ジャマイカの非営利組織でのコーオプで、アリは無職の若者たちの絶望的な社会的・経済的な状況を目の当たりにした。彼らを訓練し、有償の職を見つける手助けをするため、アリと同僚は何か活用できる資源がないかを柔軟かつ創造的に考える必要があった。ギャング文化による高いリスクにさらされているコミュニティの中から、16歳〜29歳の若者が彼女のプロジェクトに採用された。彼らのほとんどが高校教育を受けていなかった。将来への見通しが立たず、貧困のサイクルから抜け出すことができずにいたのだ。しかし、彼らはスマートフォンをもっていた。

「彼らの90％がワード、パワーポイント、エクセルをある程度使用したことがありました。また、彼らはワッツアップ〔ショートメールをやり取りできるアプリ〕やフェイスブックといったアプリを使っていました」とアリは言った。「これらのスキルは簡単に他のことに応用できるものです」。[*19]

彼女が授業で受けた起業のための訓練を応用し、アリはジャマイカの若者がプログラミングやソフトウェアに関するスキルを磨くことをサポートするマイクロワークセンターの設立を手伝った。そして、ビジネス・プロセス・アウトソーシング（BPO）を用いて、訓練生が仕事を受注できるようにした。「それはデータ管理と操作のサービスです」と彼女は言った。「ブログの更新が必要な人がいたとして、それをBPOシステムにあげると、仕事として掲示されます。もしくは、コンサルティング会社がエクセルデータの整理をしたいが、専用ソフトウェアで行うと問題を引き起こす恐れのある場合があります。そうしたときも、人間がそれを行うのです」。

革新的な思考やアントレプレナーシップによって、アリと同僚は複雑な課題に取り組む新たなアプローチをつくり出した。これらのデジタル関連の断片的な仕事の報酬は少ないが、蓄積すれば人々の生活を変えていくには十分だ。「コツコツ働くことが大事です。ただやるのです。決してわくわくするような仕事ではありません」とアリは言う。「ですが、それで生活費の支払いをすることができます」。若いジャマイカ人と契約し、低スキルのテクノロジーを使う仕事で雇うのは、自動化するよりも安く、より効率的だ。この場合、テクノロジーは職業を破壊するのではなく、人々を貧困から引き上げ、アリのような学生が社会全体の利益のためにその能力を使うことを可能にしている。このような社会変革に関わるコーオプは、私たちに人類共通の価値を強く思い起こさせ、ロボット・プルーフなスキルとしての認知能力を鍛える力強い方法でもあると言える。

寄宿型大学での経験学習

ノースイースタン大学では、百年前に私たちの先輩方が確立した応用学習のフレームワークをもとに、それをグローバルな経験学習モデルに進化させ、他に類を見ないレベルの幅と深さで学習者に提供している。学生はコーオプを通じて、自分が何を好きで、何が嫌いで、何が得意で、何が苦手かを知り、人類や人生経験の多様性を有意義な方法で理解するが、この経験が卒業後、各自のキャリアや実世界へと進むなかで役に立つのである。同時に、すべてのカレッジや大学、とくに寄宿型のキャンパスをもつ大学では、経験学習に適した要素を有効利用することができる。結局キャンパスというのも経験を積める環境の一つなのであり、とくに資源と人材が集中する贅沢なたまり場であると言える。

まず、最も明らかな点として、寄宿型カレッジモデルは多様な背景や哲学をもつ学生を結びつけることにより、学生の異文化アジリティを育てている。異なる人々が毎日授業や寮で顔を合わせる際、どうしても共通点や違いに目がいくものだ。何年も前、ユダヤ教徒とムスリムである二人の1年生が同室となってすぐにルームメイトの変更を申し出たことがあった（認められなかったが）。しかし感謝祭の休みの頃には、彼らはお互いの実家で感謝祭を祝うまでの関係になった。ほとんどの学部生は違う文化に出会う機会が少ないので、多様な学生層をもつことの教育的な重要性はどんなに強調してもしすぎることはないのである。

カレッジの主要な目的は難しい課題を通して学生を教育することであり、さまざまな方法で学生の批判的思考、システム思考を磨くことである。クラブや学生組織は、目的やプロジェクトを提供し、そしてリーダーシップやチームワークを育む経験を与える。ボランティアや社会貢献型学習も似たような機会を与え、こちらは実際の「結果」を伴うという要素が加わる。たとえば、ある学生が1年生のときに、全国メンターシップ組織（先輩が後輩のメンターとしてサポートを行う組織）のキャンパス総会に参加した。それによって彼女は異文化アジリティを向上させただけでなく、ヒューマンリテラシーやコミュニケーション能力を磨くことができた。2年生のあいだ、彼女は学生向け雑誌のライターとしてさらにヒューマンリテラシーを磨き、そして黒人歴史月間のアウトリーチコーディネーターとして、学内の人々と周りのコミュニティの人々を結び、批判的思考、またシステム思考を鍛えた。3年生になると、ヨガのインストラクター養成講座を取り、南アメリカでのヨガ合宿を企画、大学と交渉して実現させた。これは異文化アジリティとアントレプレナーシップが交わるいい例だ。学びはどこでも起こりうる。重要なことは、学生が自身の経験（学び）を認知し、かつ省察的であるべきということだ。

起業の経験はとくにこれをよく体現している。なぜなら、それらの経験はわかりやすい結果をもたらすからである。条件がそろえば、アントレプレナーシップは完全にキャンパスライフに織り込まれ、教育の届く範囲を大きく広げてくれるものである。ある研究では、職場では、チャンスを見つけて行動することに関して、同僚どうしで影響を与え合うという。つまりアントレプレナーシップをもつ同僚がオフィスにいればいるほど、その同僚はより仕事に熱中しやすくなるということだ。[20] スタンフォード大学の卒業生を対象とした研究では、多様な仕事や教育背景をもつ人は、仕事において一つの役割に注力した人や、学校で一つの科目に集中していた人などよりも、独自のビジネスを立ち上げる割合が高いことがわかった。[21]

アントレプレナーシップの文化を育てるためには、カレッジや大学は学生に幅広い経験の選択肢や、異なる意見に出会う機会を提供する必要がある。学術的カリキュラム、寮での生活、学生グループ、そして卒業生ネットワーク等を組み合わせることにより、カレッジや大学は他所では得がたい環境で学生を育成できる。たとえば、ベンチャー企業を立ち上げる際のプロセス全体を――ビジネスの企画から、発展、投資、そして実施を通したアイディアの創出まで――学生に説明してくれるような、学生によるベンチャーインキュベーターを立ち上げることもできる。

埋め込み型の医療器具に特殊なコーティングをほどこすことで、医療器具やそれを身につけている患者をバクテリアから守るというアイディアをもつ、若いエンジニア兼起業家について考えてみよう。彼女はそのアイディアをベンチャーインキュベーターへ持ち込む。そこでは生物化学を学んでいる仲間がおり、そのコーティングが器具と人間の細胞組織に生物学的にどのような相互作用があるかを調べる手助けを行う。ビジネススクール出身の仲間は彼女の製品の市場調査やビジネスプランの展開について手助けし、デザイン専攻の仲間は製品のブランディングをサポートするのである。彼女はさらに健康科学出身の卒業生や、製品の発売、リーダーシップ、さらに資金援助にまで助言してくれるベンチャーキャピタル〔ベンチャー企業向けの投資会社〕のコミュニティ等ともつながることができるだろう。その間、教員はそれを監督し学術的な視点で助言する。

教員はすでに普段のカリキュラム要件を超えて学生独自の研究テーマを探すことをサポートしているので、これが通常の授業の復習と反復を促し、両者が融合するようにしむけることができる。教室の外の文脈で知識を生み出すことにより、学生が創造性を発揮し、批判的思考とシステム思考を試す機会を与える。オリジナルな研究で論文に名前が載るような学部学生は、さらにその発見を深め、ロボット・プルーフなキャリアパスにつなげることができるかもしれない。

グローバルな経験でも、学生の学習環境の抜本的な変化に伴う大きな教育的効果が生きてくる。キャンパスのコントロールされた環境から離れ、広い現実の大渦のなかへと入ることによって、学生の経験学習は猛烈に動きだすのだ。同じく重要なのは、異なる文化をもつ人々と持続的に交流し彼らを観察する機会は、異文化アジリティを学生に学ばせるということである。それらは文化特有の知識を学生に与えると同時に、文脈を読むこと、対応を選ぶこと、そしてどのように状況と調和し、順応し、もしくはうまく逃げるのがベストかを学ぶ訓練の機会を与えている。たとえば、ニューヨークの銀行で6ヶ月働いたアメリカの学生は国際的な金融について学ぶだろうが、もし彼女が香港の銀行で働いた場合、中国のオフィス内での慣れない交渉、広東語での買い物、九龍島へのスターフェリーの乗り方についても学ぶだろう。これらの不慣れな状況で渡り歩くことにより、思考の柔軟性や創造的な問題解決能力を養うことができるのだ。

経験的リベラルアーツ*22

準正課で提供できる経験が増えるにつれ、多くの大学・カレッジにとって経験学習をプログラムに組み込むことは難しくなくなるだろう。一方、リベラルアーツ型の教育機関では、芸術・人文学と実生活での経験をはっきりと融合するような、より構造化されたアプローチを求めている可能性がある。それは「経験的リベラルアーツ」と呼ばれ、このモデルは古くからある人文学と応用的学問の壁を乗り越え、両方の複雑さと厳格さを取り込んだモデルである*23。

リベラルアーツは残念ながら、非実用的であると片付けられがちだ。人類学の学位が親のすねかじりへの一番の近道であるとばかりにみなされている。これはひどい思い違いだ。工学などの応用的学問分野での学びは困難な道のりだが、他の複雑なシステムに関する学びもまた同様である。エンジニアはある構造の構成や文脈――その材質、環境、物理的作用、時間、ロジックを含む――の目も眩むような複雑さを学ばなければならない。それらの複雑さは知的発達を強く促すが、人間の文化や行動についての学びも同じように複雑である。どちらにおいても複雑なシステムの理解が求められ、人文学や社会学においては、歴史・芸術・地理・経済が織りなす複雑な網目上のシステムがその対象となる。

たとえば、エンジニアが車にガソリンを入れる際、おそらく車のエンジンの動作、もしくは石油の抽出や精製プロセスについて思い起こすだろう。一方、リベラルアーツを学んだ人は、ＯＰＥＣの歴史や国際的なエネルギー使用について、また地球温暖化を思い起こすかもしれない。哲学の授業を思い出し、運転を控えることが倫理的に必要であると考えたり、国際紛争を煽ることもある石油の役割について考えをめぐらせるかもしれない。学問的な厳密さについて言えば、リベラルアーツもいわゆる「よりハード」な分野と同じように高く要求されると言える。

応用的学問やハードサイエンス（自然科学）のほうが実利につながるという評判を得がちだが、その理由はおそらく実験室や研究室のイメージが強いためだろう。対してリベラルアーツの授業では、文章による自己表現が主になる。何が抽象的で何が実在するかの線引きには恣意性があるはずだが、このことがリベラルアーツ教育は安定した収入につながらないという見方を生んでいる。しかしながら、工学系の研究室での授業や、ビジネススクールのインターンシップを取り入れることにより、リベラルアーツプログラムはこの誤解に対抗することができるだろう。それらに必要なのは経験的な要素なのだ。伝統的な学問の厳格さと、職場や研究室、ボランティアなどへの積極的な参加とを組み合わせるということだ。

たとえば、英文学専攻はメディア企業でのインターンを実施してもよいかもしれない。そこで、学生は授業で出会った組版技術に関するアイディアを、新しい出版フォーマットで原稿を書く際に応用する。哲学専攻では、国連人権委員会でのワークスタディプログラムを世界経済における労働倫理の研究プロジェクトに拡大することができるかもしれない。歴史学専攻の人は、専門知識と研究スキルを応用して都市建設プロジェクト案の計画書を分析するレポートを書くだろう。ある学生は、英文学専攻を生かして、クラウドコンピューティングのベンチャー企業のためにカスタマーサポートシステムをデザインしたり、財務分析を行ったりしていた。「財務分析をすることは、文献研究を行うことに驚くほど似ています」と彼は語ってくれた。「詩や小説を読むとき、教授は作者が言いたいことをすべて見つけるために、行間を読み、できるだけ深いところまで掘りなさいと言うでしょう。スプレッドシート上の数字を見るときも同じことをするのです。この数字たちは何を伝えようとしているのだろうか、と」。

経験的リベラルアーツモデルは、伝統的なリベラルアーツスキルとテクノロジーを扱う能力を合体させたものでもある。これはデジタルヒューマニティーズ〔人文学にデジタル技術を取り入れ新分野〕と計算社会科学〔社会科学にコンピュータサイエンスを取り入れた新分野〕のツールを学生に与え、データとテクノロジーリテラシーをヒューマンリテラシーに応用することを教える。一方で、私たちが使う機械の社会的な側面、すなわちテクノロジーの変化がもたらす倫理的な含意などについて、学生に考えるようにも促す。コンピュータによる分析技術の進歩は人文学に革命をもたらしており、学生たちもこのテクノロジーを十分に使いこなせるようになるべきである。いまでは、これまでにないつながりをつくることができるのだ。たとえば、カリフォルニア大学サンタバーバラ校から出た「論理的制約のもとでの信念システムのダイナミクスに関するネットワーク科学」と題された最近の研究では、数学的モデルを使って、人々の共通の信念システムがどのように結合し、人間相互の影響がどのように作用するかを考察している。[*24] このようなツールを用いて、人文学や社会科学の学者たちは、前例のない正確さできわめて困難な問題を解くことができるのだ。

経験的リベラルアーツの学生はそれらの新しいテクノロジーを用いてオリジナルの研究を行い、教員と協働し、コミュニティでのプロジェクトを通して学びとアウトリーチを合体させる。たとえば歴史学の学生は、彼らの都市における19世紀の黒人知識人のデジタルアーカイブを編集したり、歴史文書と地図のつながりを描き出したりできる。人文学はデジタルな道具を増やしていっている。できることの範囲が広がるのに合わせ、教える範囲も同じく広げる必要がある。

リベラルアーツスキルと経験学習やテクノロジーを扱う能力を融合させることは、学生の認知能力を伸ばし、学生が生涯にわたり新しい環境で学び続ける意欲を育てる理想的な方法である。アメリカにおけるリベラルアーツ教育の先駆けであるベイツカレッジは、「参加型リベラルアーツ教育」と「やりがいのある仕事」という優先事項を打ち出し、これを実践している。少し前に、ベイツカレッジはカリキュラムを変更し、「学生が自身の関心や強みを見極め、想像力や誠実さとともに知識や経験、また自身の目標を達成するために必要なつながりを得る」ことを手助けする方向へと舵を切った。この構想ではスキル特化型コースとともに、準正課のプログラム、有償のインターンシップ、実務家が教えるコースなどを通して職場でのスキルを確立することを重視している。ベイツカレッジの短期集中の春学期では、そのようなコースには、「芸術分野でのビジネス」、「プロジェクト運営」、「ブランド文化の構築」などの実質的・実践的な内容のものが含まれている。[*25] 職場の現実性を取り入れることはこのリベラルアーツカレッジの理念を裏切ってはおらず、むしろ新しい方法で、学生の批判的思考や創造力を鍛えている。それと同時に、インターンシップの重視により現実世界で活躍するための準備もさせている。

しかし、経験的リベラルアーツの経験はリベラルアーツの学生だけに限られるべきではない。天才的なコンピュータサイエンティストでさえ人間社会という文脈のなかで成長しなければならないし、さもなくば自身の仕事を認めてもらえない。どんなに先駆的な生物化学者であったとしても、彼らの研究についての社会的意味を理解する必要がある。学習課程の人文学や社会科学的要素を高めることで、「よりハード」とされる学問分野のプログラムも学生たちを成功へと導くことができる。お互いが少しずつ滲み出すことにより、高等教育への両アプローチは卒業生に力強く実践的な教育を与えるのだ。

経験の評価

コーオプでも準正課活動でも、もしくは経験的リベラルアーツにおいても、高等教育における経験学習は教室とそれ以外の人生のあいだにある壁を取り払うことを目的としている。学びはどこでも起きる。したがって、教育者は学生が経験から学ぶことを、それがどこで起こったとしてもサポートしなければならない。そのためにも、どうしたら目には見えない無意識の学びの機会を、学生が目に見える学習成果に転換できるかを考える必要がある。

これを実現する一つの方法は、学びのエコシステムのなかを学生が動き成長する様子を地図に描くことだ。すると、授業での成績は彼らの発達を評価する一側面にすぎないことがわかる。教育者は学生の新しいリテラシーや認知能力における前進を、それがどこで起こったとしても記録する。たとえば、ボランティアで障がいをもつ少女たちのメンターをした学生は、ヒューマンリテラシーや異文化アジリティを飛躍的に高めるかもしれない。もしその学生がキャンパスマガジンにその記事を書いたら、批判的思考や創造性を磨くこともできる。大学でのすべての時間にわたって、各授業、活動、そして経験は、彼女の総体的な発達として記録されていくことだろう。

多くの学びは、数値化するのが無駄に見えるような日々の生活の事象のなかで起こっている。教育者は学生のコーオプ、海外旅行、ヨガクラスのことでも記録することができるが、それらの活動を全エコシステムのなかでどう評価すべきか決めるのは難しい。学生センターにて参加した、啓発的な政治イベントはどうだろうか。もしくは、寮の共用ルームでピザを食べたあとに突発するビジネスや環境規制についてのディベートはどうだろうか。それらも小さな学習経験であり、もし学びが生じたことにその学生が気づき、あとから教室内でその学びについて思い出すことができれば、その経験から得るものはより大きくなる。

教育者は絶え間なく学生を尾行したり、自身の感情や思考を意識するように言葉をささやいたりはしない。しかし大学はテクノロジーを使い、学生に継続学習のプロセスを気づかせるツールを授けることができる。私が指揮する大学では、学生は彼らのデバイスを使ってＳＡＩＬ（Student Assessed Integrated Learning、学生評価型統合学習）(訳注)と呼ばれるアプリを用いて、予期せず起こった学びを含む学習経験を記録し、異なる発達段階やスキルにおける自身の成長を追跡することができ

訳注：ノースイースタン大学のコーオプ教育で用いられている学習ポートフォリオによる教育方法である。最近、Self-Authored Integrated Learning、自己記述型統合学習と名称を改めた。評価に関わる者は、学生に限らず、教員、職員、アカデミックアドバイザー、コーオプ担当講師など多岐にわたるため、学生のみを強調しない用語としたとのことである（訳者の杉森による現地教員への聞き取り）。

る。[26]

たとえば、即興劇を行う一座のオーディションに臨んだある学生が、創造性、チームワーク、そしてコミュニケーションを訓練したとして、自身の進歩をはっきりと図表で確認することができる。さらにそのアプリを使ってその経験での写真をアップしたり、振り返りをシェアしたり、何をどう学んだかを表現したりもできるのだ。ゲームやソーシャルメディアの要素を備えた技術を利用することで、このようなツールは学生の学びを個別化し、自身の発達を自分でよりよくコントロールできるようにする。

最も偉大な教員とは人生そのものだ。革新的なアプローチを通し、大学はその力を利用する方法を見つけることができる。そして卒業生たちは人生のさまざまなチャレンジへの用意を整えるのである。

人生を通じた経験学習

これまで、経験学習によって触媒されたヒューマニクス教育がロボット・プルーフな未来への最も確実なルートであることを見てきた。しかし本書のはじめでも触れた、ある現実がある。それはコンピュータ、ソフトウェア、そしてＡＩは急激なカーブを描いて改良されてきていることである。機械たちは前進しているのだ。

デバイスが定期的なソフトウェアの更新を求めるように、私たちの生物学的な脳にもまた更新が必要である。テクノロジーの進化の重要な帰結として、高等教育とは人生のある重要な時期に一度か二度受けるものであるという人々の認識を、生涯かかるプロセスであるという理解に変える必要性がある。

一方には、時間はあるが経験がない学習者がいる。そのため、私たちは本章で示された方法を通して彼らに手を差し伸べる必要がある。他方、時間はないが経験はあるという人もいるだろう。その場合、私たちは学びの機会を彼らのキャリアや組織のなかで創造しなければならない。現代の状況は、学生や卒業生の意味について、再定義することを求めている。そのために、大学はいまある高等教育の構成を土台としつつ、今日のオンライン講座や就業後のプログラムの範囲を超える生涯学習の新しいモデルを創造しなければならない。

私たち人間と同じく、高等教育もまた変化に順応しなければならないのだ。

第5章 人生を通じた学び

生涯にわたる学びへの要請

イギリスの歴史家アーノルド・トインビーは、著書『歴史の研究』のなかで、人間と同様に、困難に対して創造的な対応ができたとき、文明は成長すると述べた。たとえば、古代アテネ人は、人口増大と食料の逼迫に直面して、商業貿易や民主主義的な制度を発展させることで革命が勃発するのを避けてきた。*1 だが、文明が創造的なやり方で新しい挑戦に応戦することをやめたとき、推進力の車輪が外れてしまう。ペロポネソス戦争の直後の苦難の時期を経て、アテネ民主制（国家）はマケドニアの隆盛への対抗策を見出せず、アテネの自治権は途絶えてしまった。変革なくして社会は衰退の道を辿り、ゆくゆくは滅んでいく。

トインビーの議論は、文明の退歩とは本質的に文化的な失敗だというものだ。それは、キャロル・ドゥエックなら「硬直したマインドセット」と呼んだであろう頑固な停滞であり、トインビーが創造性の抑制とみなしたものである。歴史には、恐竜やドードーのように、環境に適応できなかった社会の化石がやたら多い。歴史家のジャレド・ダイアモンドは、トインビーの忠告をさらに発展させ、イースター島やグリーンランド島のバイキング入植地の社会が、忍び寄る変化——人為的な森林伐採や土壌汚染が進んでいたこと——にもかかわらず、いかに文化的慣習に執着したのかを描いている。土地が台無しになり食糧難の冬がくる、といった破滅の到来は明らかであるにもかかわらず、彼らは彼らのやり方を変えるのを拒み、考古学的記録と化してしまった。*2

現代の大学は、人類の文化が咲かせた花の最たるものである。知性の育成のための肥沃な土地としては空前であり、知識の温床としてはそれに肩を並べるものはない。たぶん、大学は、知性を育むために人類がつくった最も有効な機関であろう。とはいえ、もし大学が直面する挑戦に創造的に応えないとしたら、それは時代遅れのものに落ちていくだろう。

今日大学は、限られた時間のなかで規格化された高等教育を届ける理想的な装置である。それは、深い知識、しかししばしば脱個人化された知識を提供するために組み立てられた体系である。大学の文化はそうした体系に沿った目標や組織で形づくられ、その下に各専門領域の学部、学位、教員といった要素が存在する。大学はそれが得意なのだ。問題は、21世紀において私たちがそれを尚も必要としているのかということである。

前章では進歩した機械がグローバル経済を大きく変革し、社会のあらゆる側面を破壊しようとしていることを示した。もし仕事や資源、幸福を私たちが得る方法が新しい方向に向かうのなら、教育は拡充することでそれについていかなければならない。それゆえ、大学はカリキュラムを進化させ、さらにまたカリキュラムを向上する仕組みも変えることで、変化する現実に応じていくチャンスを手にしている。大学は構成要素を更新する機会をもつ。別の言い方をするなら、私たちはエンジンを骨組みにまで分解し、改造することができるのである。

学生たちをまとめて教えるだけでなく、高等教育は学習者に個別化・カスタマイズしたやり方で教育を提供するよう改修されうるだろう。前章で示したように、これがＡＩが経済にもたらす複雑さとそれが人間の職業へ求めることに対する回答である。それ以上に、人生の断片的な期間（成人初期の4年間あるいはキャリア半ばでのもう何年か）だけ奉仕する代わりに、絶え間ない技術変化に特徴づけられる現代のキャリア全体を通した奉仕を高等教育はますます求められるであろう。そのために、大学のあらゆる部分を再検討し、生涯学習をその中核にもっていかなければならない。

機械が人間の能力を抜いていくと、あらゆる種類のホワイトカラー、つまり知識経済的な仕事を消滅させ続けていくことになる。同時に技術はまた、より進んだ知識や技能を修得することを人々に求めるような、新しい仕事や産業をもたらしてくれる。それゆえ機械が進歩すれば、すべての人が、その都度知識・スキルのセットを入れ替え、活性化し、増進させていく必要がある。そのため、ＡＩ経済において価値をもち続けるためには、専門家だけでなくあらゆる職業人にとって生涯にわたる学習は避けられない。すべての人が価値ある技能を身につけ維持することに役立つ生涯学習は、社会的格差を軽減していくのにも必要である。そうした目標を志向した学習モデルは、経験は豊富だが時間がない学習者（すなわちベテランの職人）だけでなく、経験がないが時間は十分にある学習者（すなわち卒業したばかりの新人）のいずれにも役立つ。したがって、大学が取り組むべき課題として生涯学習を位置づけることは、大学にとって利点がある。

生涯学習のささやかな始まり

今日、生涯学習は必須のものになりつつあるが、過去にも多くの面で前触れと見られる出来事があった。前回の激しい技術的変化の時代、すなわち産業革命の前後において、ほとんどの人が大学の学位を得る機会を欠いていた。しかし、人々はさまざまなタイプの生涯学習の機会を得ることで変化する時代と仕事環境に応じてきた。

たとえば、1831年、チャールズ・ダーウィンが南アメリカの動物相の発見につながるビーグル号の航海を始めたのと同じ年、アイザック・ピットマンという若いイギリス人が教員免許状を得るために学び始めた。生涯教育者であったピットマンは、より有名なダーウィンと同様に、生き方と時間との関係について独特の考えをもつ人であった。ダーウィンは世代間の自然淘汰を考察し、一方でピットマンは——好んで「時間の節約は人生の得」と言った彼は——音韻的な速記法の体系を発明することで、彼の信条を実現した。これは「ピットマン速記法」として知られるようになり、英語圏における書写の最も代表的な方法となった。いまでもイギリスでは音韻体系として広く利用されている。

ピットマン体系が急速に広がり支持されたのは偶然ではなかった。彼に教わりたいがバース市内の彼の家の近くに住んでいない生徒と連絡をとるために、ピットマンは新たに発明された技術である普通郵便切手を利用した。彼は登録した生徒に課題を郵送し、返信はがきを添削してフィードバックを返した。*3 この遠距離の学習指導の形式は、世界で最初の通信教育であった。

ピットマンが初めて安価で信頼できる郵便ネットワークを活用して以降、遠隔学習は生涯学習に不可欠な要素となってきた。ただし、郵便だけが教材を配達する方法では決してない。19世紀の初頭のロンドンやボストンでは、たとえば、教養ある紳士たちが結束して有益な知識を普及するための団体を設立し、働いている市民に啓発的な講義や出版物を提供した。ボストンの団体は、「国民の知識の進歩」についてのダニエル・ウェブスターの講演から「同類療法《ホメオパシー》、そしてその他の誤った医学」についてのオリバー・ウェンデル・ホルムズのものまで、多岐にわたる思想家の講演を主催した。[*4] 1836年、ボストンの慈善家であるジョン・ローウェル・ジュニアは、市民啓発講座の費用として莫大な遺産を遺した。これがローウェル協会の基盤となり、何十年もかけて、市民放送局から大学内に設置されたハーバード公開教育プログラム、私の大学のローウェル・インスティチュートにまで及ぶ数々の教育機関を生んできた。[*5] 今日までローウェル協会は部分的に大学教育を学習者に提供し、独自の学位も備えている。それは生涯学習を通じて格差や人々の困窮した状況に対処してきた長い歴史に新たな一ページを加えることになる。

初期の生涯学習の機能は、世俗的な教育だけでなく、道徳的教育に対する使命から生じたものである。1844年、農地を追われ近代のロンドンの危険と誘惑のなかを渡り歩いてきたジョージ・ウィリアムズは、聖書学の推進と、どんどん膨れ上がる新たな都市住民の社会的団結を目的に、最初のキリスト教青年会（YMCA）を設立した。[*6] 数年後、トマス・バレンティン・サリバンがボストンにYMCAをもたらした。まもなくYMCAは移民に第二言語として英語を教えることで、故郷を捨て新世界の混乱と変化のなかに身を投じる不安を和らげることに寄与したり、高収入好条件を夢見る勤労者に職業講習を提供したりするようになった。これらすべての事例において、生涯学習は、実務経験がある労働者が変化する環境に適応するための一つの方法となってきた。

ダーウィンやピットマンは途方もない技術変化や社会変動の時代に生き、そして両者のキャリアは進歩の本質に関わる信念に深く支えられていた。航海中にダーウィンは、生物種が生息する環境状況に適応し、生存を促進するために子孫に形質を伝えていくやり方の多様性を観察して、自然淘汰に関する理論を練り始めた。たとえば、ある種のガラパゴス・フィンチは、特定の食料を確保するのに都合がよいように他と異なる形のくちばしをもつことに気づいた。ダーウィンが彼の理論について思案していた頃、ピットマンの通信教育の生徒は役立つ事務技能を学んでおり、それにより大英帝国やアメリカで急激に拡大する近代的な工業都市環境でうまく生き延びることができた。競争的なシステムにおいて、教育は格差解消のための装置であった。

フィンチは棘だらけの肉厚の洋梨に穴を開けるための長いくちばしをもつような遺伝子を子孫に伝えるが、人類は速記法で書くための遺伝子を伝えることはできない。その代わり、私たちは自ら学習することで進化していく。だからこそ、よく第四の産業革命と呼ばれる現在の状況においても、生涯学習が前回と同様に重要になってきている。

生涯学習への要求

高等教育は年配者や従来にない学習者に教育を提供してきた経験を十分にもっている。2016年にアメリカの大学に在籍している2050万人の学生のうち、820万人は25歳以上の者で占められた。[*7] したがって、40％もの学生が、一般に思われている従来型の大学生よりも高齢である。2025年には、25歳以上の学生数は970万人にまで増加すると予測されている。[*8]

これらの学生の多くは、アメリカの千以上のコミュニティカレッジにより教育が提供されている。[*9] これらの機関は代々、閉鎖した工場の従業員や、教育制度が未発達な国からやってきて間もない移民や、高校を卒業していないシングルペアレントなど、アメリカ社会において最も弱く社会サービスを受けられない人たちが高等教育を受けられるようにしていくための旗手であった。今日、弱い立場に位置づけられる者には、技術変化により地位が脅かされる人たちが加わる。このことはコミュニティカレッジの使命がいまなお重要であることを示しており、伝統的にはこの使命を、在籍者に四年制大学へのルートを与えたり、職業訓練的な教育で技能を付与することで果たしてきた。そうした要求は明らかに大きく、年間約1280万人の学生が在籍している。

だから、それ以外の種類のカレッジや大学が、しばしば生涯学習を副次的な使命と捉えているのは幾分不思議なことである。今日、公開講座や専門職大学、あるいは継続教育学部のようなある種の組織化された生涯学習事業を展開する高等教育機関が珍しくない。しかしながら、非常に多くの場合、それらは副次的なもの、それどころか二流のものとして追いやられている。学部生を教育し、大学院生を訓練し、研究を進めることで知識を生み出すことが大学が本気で努力すべき重要なこととみなされ、生涯学習は付随的なものとみなされている。

学部教育、大学院教育、そして研究は中核的な優先事項としてたしかに重要である。だが、伝統的なアプローチでは、何百万人の成人学習者が、技術変化に乗り遅れないために自ら無理やり高等教育に戻ってくることはないだろう。かつて大学は、「つくれば奴はやってくる」という映画『フィールド・オブ・ドリームス』のセリフのようなアプローチを採用してきた。そうして、学士、専門職修士や博士といった伝統的で画一的な学位を提供する学部や教育プログラムを構築してきた。これではもはや十分ではない。

生涯学習者のニーズに合わせて変化せず、それに優先度を置かない道を選択するなら、大学はきわめて重要な教育的ニーズを見過ごすことになる。技術の高度化が加速する現実においてはなおさらである。そうした姿勢は、いろいろな意味で、航空機が市場に初めて登場した20世紀初頭の10年間に、鉄道会社がとってきた姿勢を思い起こさせる。当時は、鉄道は長距離旅客輸送の市場を独占していた。最初の航空会社が長距離の商業飛行を提供したとき、鉄道はこの進展をおしなべて無視し、航空輸送は鉄道が独占している事業とは根本的に別物であると考えていた。航空会社は航空機ビジネスで、鉄道会社は鉄道ビジネスで当然やっていくものと考えていた。

鉄道会社は、航空会社も実は同じ「輸送」という事業に携わっていることに気づけなかった。結果的に、迫りくる鉄道業の破壊を示す危険信号を見落としてしまった。そして空の旅が流行すると、長年続いた旅客輸送の独占をあっという間に破壊した新しい競争相手の登場に衝撃を受けた。

ＡＩ、ロボット工学そしてハイテク技術は、人が生涯を通じて学習し、知識を入れ替え、能力向上を図ることへの空前のニーズを生み出している。高等教育は鉄道が失敗したような考え方から転換するのがよいだろう。その方向に進めば、大学は学部教育、大学院教育そして研究を行うだけの機関ではないことに気づくだろう――もちろん、それらすべては依然重要であり続けるが。むしろ、大学は生涯学習というより大きな事業に乗り出しているのだ。

実際のところ、高等教育部門がおしなべてこうした考え方に転換していない一方で、だからこそ一部の教育機関、とくに営利大学は難局を乗り切るために生涯教育に踏み出している。１９９０年から２０１０年の間で、営利大学への入学はアメリカや世界中で増加した。こうした需要の多くは年配の学生や就業中の人から生まれたものであり、彼らは営利大学の大部分で採用されているフレキシブルなオンライン学習に魅力を感じている。たとえば２００７〜２００８年度で、営利大学に在籍している学生のうち従来の就学年齢である18歳から23歳の者はたった11％にすぎなかった。[*10]営利大学への入学者数はその後、卒業生の就職率を実際よりよく見せていたとされた何校かのスキャンダルによりいくらか後退したが、全体の傾向として、市場における生涯学習への欲求は強いことが明らかに示されている。[*11]

生涯学習を旗印に手に取ったのは営利大学だけではない。「企業内大学」、つまり管理職養成のための社内プログラムでも盛り上がりを見せた。ゼネラル・エレクトリック社は１９５０年代に先駆けてそうした方法を始めたことで知られ、そのモデルはこの数十年間に急速に普及した。[*12]１９９７年から２００７年のあいだで倍になり、近年は世界的に約５０００の企業内大学に及んでいるとボストンコンサルティング社は推定する。[*13] このモデルの当然の結果として、従業員に継続教育を提供するために従来とは異なる事業者と提携する企業も出てきた。たとえば、AT&T社はMOOC（大規模公開オンライン講座）を提供するユーダシティ（Udacity）と連携して、従業員に能力向上の機会を与えており、受講に時間をかけない社員に対しては勤務評価を下げている。[*14] 「企業内大学」モデルには多くの好ましい側面がある。それは、自社の事業ニーズに合わせて従業員の学習を提供できる。また、企業文化のなかで経営者を育てる、キャリアルートの設定としても役立つ。しかし同時に、これはウォーレン・バフェットの投資についての格言、「知っていることにこだわれ」には沿わない。高等教育に携わっているのは、ほぼ大学やカレッジだけだ。だから、企業が社内教育プログラムを設けても、自分の強みを生かすことにはならない。

企業内教育の増加は、生涯教育を二の次にすることが高等教育に不利となるさらなる証拠である。教育は大学が行うのが最善であり、企業は大学と同じようにやる必要はない。ビジネスとしては、専門家と手を組むのが合理的だ。もし私たちの大学がスクールカラーの衣類を販売したいのなら、独自に衣料品工場を建てる代わりに、既成の衣料メーカーに委託する。営利大学や企業内大学がこれほどまで成長したというまさしくその事実が、高等教育が本来の顧客層の役に立っていないことを示している。

この好機を逃すのは残念だ。とりわけ、現代の職業人は、ピットマンやダーウィンの時代の労働者が直面したのと同じくらい深刻な課題にぶつかっているからである。当時と同様に、私たちをとりまく仕事環境は急激に変化しており、それに適応するか、さもなくば競争力を失ってしまう。また当時と同様に、技術の高度化は、さらなる教育により人間特有のスキルを高めなければいけないことを意味する。さらに、ますます複雑になる経済のなかで、進化してキャリアを続けるか経済的に淘汰されるかを、生涯学習が帰趨を決する状況も当時と同様である。この状況で、古びたフィールド・オブ・ドリームス的な方法は十分でない。大学は単に画一的な教育プログラムをつくり、生涯学習者が集まってくることを期待するわけにはいかないのだ。そうではなく、増大する生涯学習者にとって有効な、カスタマイズされ個別化された教育プログラムを用意していかなければならない。

カスタマイズされ、個別化されたモデル

カスタマイズされ個別化された生涯学習は単純な認識から始まる。職場の実態が技術変化によって変容するに伴い、高等教育はそれに応える責任と可能性をもっているという認識だ。この単純な真実が、現実の世界の変化によって実際に左右されうる「つくれば奴はやってくる」的なアプローチと、このモデルとをはっきり区別する。旧モデルは大学中心であり、たいていトップダウンで決められたコース設計で、たいていが教科書のインクも乾かぬうちに時代遅れになってしまうような実社会についての思い込みに基づいている。そのようなアプローチは、複雑で役割が変化していくAI経済の真っ只中に足を踏み入れる学習者には役に立たない。彼らのニーズに応えるためには、生涯学習におけるカスタマイズの意味を、設計と伝達という二つの軸から考えるのがよいだろう。

カスタマイズと設計

従来、大学は学習者のニーズや求める成果を理解していると思い込んで、たいてい自分たちだけでカリキュラム設計を行ってきた。未来の生涯学習モデルにおいては、大学は企業や学習者と最大限協力し、カリキュラムを共に設計することになる。コンセプトづくりの観点で、これは大学が学習者と率直に話し合い、職業的なニーズや成果を緻密に練る必要があることを意味する。同じく重要なことは、大学に雇用者を招いて企業が求めることについて意見を交わし、職場での変化に対応することだ。これは企業の事業戦略、従業員に求められる職業上の要件、さらに技術がどう産業形態を変えていくかについて、大学が把握したうえで、新たに教育プログラムを構想することを意味する。つまり、雇用者は大学と対等なパートナーとなり、ともに教育内容の輪郭を描いて、それが時代に沿う合理的なものであり続けるよう努める。

学部教育のなかにはこうした原動力が作用している好例を多少見出すことができ、そこでの知恵は生涯学習プログラムに適用できる。たとえば、メリーランド州の大学制度は、州および国家のサイバーセキュリティ人材の確保に取り組むため、高等教育機関、産業界、そして政府機関にまたがる多重提携協力の陣頭指揮を執っている。[*15] これには、たとえばノースロップ・グラマン社とメリーランド大学カレッジパーク校が共同で開発した上級サイバーセキュリティ体験学生プログラムなど、企業と大学間の多数の取り組みが含まれる。サイバーセキュリティの専門家や未来のリーダーを教育するよう設計されたその教育プログラムは、産業界の代表者と共同開発された特別教育課程(オナーズ・プログラム)を基礎とし、正規カリキュラムと並行して行う実環境でのプロジェクト学習で補完される。同様の方法で、より堅固なサイバーセキュリティプログラムを開発するために、イリノイ州立大学は大手保険会社のステートファーム社と提携し、学生の関心を高めるためにサイバーセキュリティのハッキングコンテストの後援も行っている。[*16]

この種の提携は、より広い文脈においても生まれてきた。つい最近、ＩＢＭはカーネギーメロン大学やカリフォルニア大学バークレー校を含む数多くの大学と提携し、ワトソンの技術を利用した認知計算科学の教育課程を設計した。[*17] その課程の目標は、データ分析専門家への高まる需要を満たすことであり、そのために教室のなかにＩＢＭの技術を組み込み、学生と企業の「技術的メンター」とでペアを組ませた。このようにして、学習者は職場に入る以前に、この産業における最新の概念や方法についての十分な教育を受ける。

その他の産学連携のバージョンとしては、シアトル校を拠点とするノースイースタン大学のＡＬＩＧＮプログラムがある。この取り組みは、多様な背景をもった人を生命情報工学やサイバーセキュリティといった先端技術分野の職業に送り込むよう明確に計画されている。私たちが西海岸における就職口を調査したところ、地元での求人とマッチしない学士号をもった学生が多く存在していることがわかった。地元企業が手がけている需要の高い技術分野への進入路が欠けていた。そこで、リベラルアーツ系の卒業者がコンピュータサイエンティストになれるよう、私たちは企業と連携して教育プログラムを開発し、修士の学位と、技術部門での12ヶ月間のコーオプ教育ないしインターンシップの体験機会を提供した。

その結果、集中的な教育課程学習と職場での集中訓練とを組み合わせることができた。学習者は、実地プロジェクトに組み込まれた学習コンテンツに取り組み、たとえばビッグデータ解析などの、高度なスキルを新たに身につけていく。このプロジェクトは学習者が最新の技術を習得できるようオンラインの学習ユニットと連結している。そのうえ、プログラムは学習者のリベラルアーツの知識を活用し、それを新たに獲得した能力と統合することで、コミュニケーション能力や批判的思考を強化する。これらは、管理職に必須の能力だ。プログラムが終了する頃には、新しい知識がそれまで獲得した能力と組み合わさり、成功に向けて準備が整った状態になる。

生涯学習プログラムは、教育内容以外の要素についても企業からの情報提供を必要としている。たとえば、教師が立派で斬新な教育課程をつくっても、それが従業員の就業時間とかち合うのなら役に立たない。企業と生涯学習者は、労働時間を学習に費やすことに合意する必要があり、同様に、昇進や経済的支援を含め、生涯学習者である従業員に与える妥当な報酬とインセンティブを決める必要がある。また、学習者が自分の得意分野において異なる企業間で途切れなく移動できるよう、受けてきた教育や知識、技能を適切に認め、大学と産業界の企業集団が連帯して資格を与えることを検討することもありえる。

カスタマイズと情報伝達

技術変化による生涯学習への要求は、プログラムの設計だけでなく高等教育の届け方にもカスタマイズを求める。過去30年ほどは、オンラインプログラムは高等教育のカスタマイズされた伝達の必要性に応える中心的な解決策であり、柔軟性を求めるが時間がない学習者を支援する一般的な方法となってきた。それらは、学習者が必要とするならばいつでもどこでも知識を伝達してくれる。しかしながら、知識や技能に関して何を伝えているかという観点からすると、多くのオンラインプログラムはまだ十分ではない。包括的すぎることがしばしば問題になる。概して、大きな学習者の集団向けに設計されており、特定の産業に従事する人たちの個別の学習ニーズは必ずしも考慮されていない。

研究にもよるが、オンライン学習だけでは、オンラインと対面型とを混ぜたハイブリッド学習、つまり混合学習ほどには効果的ではないと見る専門家もいる。たとえば、スタンフォード大学のあるメタ分析からは、概して、単にオンライン教育もしくは対面教育を受けた学生の平均的な能力はほぼ同じであるが、ハイブリッド学習を経験した人のほうが高い能力を示すことがわかっている。[*18] これはおそらくハイブリッドなプログラムが「追加の学習時間や教育的資源、学習者間の相互作用を促す要素[*19]」を取り込みやすいからかもしれない。人間は結局のところ、社会的動物なのである。ハイブリッド方式は、個人間の相互作用を通じたより高い関与と、オンラインで提供される多様な選択肢によるカスタマイズのしやすさという二重の強みをもつ。

しかし典型的なオンライン方式とハイブリッド方式のどちらにおいても、それらが経験的な要素を取り入れない限り、その価値は究極的には制限される。本当に変化をもたらす学習成果は、理論と現実世界の経験が統合されて生まれる。けれども生涯学習における経験的要素の問題は、ちょっとした矛盾も引き起こす。経験は若い学習者にとってきわめて重要であるが、もし学習者がすでに豊富な経験をもつとしたら、なぜさらに学習経験を必要とするのか。

その答えは、ＡＩ経済においては、年配の学習者は仕事や人生のなかで得てきた貴重な知恵を十分に生かす必要が出てくるからである。過去の経験に立ち返り、自分の行動や考えを修正するための羅針盤とすることで、目標を成し遂げたり新たな活躍の場や経験を生み出したりしやすくなる。これをうまくやれる生涯学習プログラムは、学習者がいる場所――職場を含む――で行われるものだろう。生涯学習を最も必要とする人、つまり自分たちは自動化の影響からは安全だと思っていたが、突如としてロボットの足音が聞こえてきたような膨大な数のホワイトカラーの従業員にとって、そのような課程はとりわけ役に立つ。この方式は従業員の仕事それ自体のなかに教育を組み込み、技術的な大変革の真っ只中にいる学習者に直接生涯学習をもたらしていく。自動化が起こっている現場に直接出向き、学習を従来の経験と継ぎ目なくつなぐことができる。

実際に実施されている例として、連邦教育省の「イノベーション・パートナーシップを通した教育の質プログラム」（ＥＱＵＩＰ）の支援のもと、ノースイースタン大学がゼネラル・エレクトリック（ＧＥ）社と連携し、先進的製造業にかかわる短縮型学位プログラムを展開している。これは、ＧＥの従業員が次世代技術と共に働く技能向上を図るためカスタマイズされた社内教育プログラムで、現在の仕事を続けながらも将来の仕事に向けた訓練を受けられるようにしたものである。従業員の経験を十分に生かせるよう課題解決型とし、また時間が足りないなかでも学習できるようオンラインシステムを活用している。学生はいままでどおりフルタイムで仕事をし、しかし同時に、より高度な訓練を必要とする重要な仕事、言い換えればロボット・プルーフな仕事を引き受けられるよう学習を進めていく。

カスタマイズは、学習者と企業のニーズを両方満たせるように教育プログラムを設計することを意味するが、個別化は学生の強み、弱点、熱意、計画に合わせて学習経験を形づくることである。たとえば、前章で、学生評価型統合学習（SAIL）、すなわち学生たちの経験学習を追跡するためのゲーム要素を取り入れた技術を紹介した。同様に、非常に個別化された就職支援や専門的指導は、教育目標の達成に向かう学習者が、その道すじから外れないようにしてくれる。

個別化は、ギグエコノミー式のフリーランスの人々にも、生涯学習を利用しやすくする。彼らは、フルタイム従業員と同じ課題に直面しているが、支援のための基盤をもたない。ブルッキングス研究所の最近の研究で、こうしたフリーランサーの数は一般に思われている以上に劇的に増加していることがわかった。[*20] 過去20年間に、ある推計ではギグエコノミーに携わる人の増加は、企業従業員総数の増加より27％以上も高かった。[*21] しかし彼らもまた同様に、驚くべきスピードで仕事が消えては生まれてくる労働市場に直面し、AIや自動化の衝撃を目の当たりにしている。そしてギグエコノミーの渦中のフリーランサーもまた、経験を原動力とする学習モデルから恩恵を受けることが可能である。

生涯学習プログラムを通してさまざまな会社を見ることで、積極的なフリーランサーはそこでの異なる役割を知り、技量のギャップを確認し、将来の仕事の機会を見出し、また人脈を広げることができる。彼らはいろいろな雇用者と関係をつくり、異なる企業文化に精通することができる。これがフルタイムの雇用につながることもあるだろう。多くの企業は長期雇用契約を結ぶ前に見込みのある従業員を「お試し」で雇用したいと考えるからだ。ギグエコノミーのフリーランサーの数が増加するにつれ、会社も彼らを頼りにすることになる。生涯学習プログラムは、双方にとって、相性の良さを見極める機会となる。

生涯学習は大学をどう変えるか

学位と資格

生涯学習者は、必然的に、伝統的フルタイム学生とは異なる教育へのアプローチをとる。彼らは通常、ひと連なりの学位プログラム全体に参画する余裕はない。代わりに、より集中的で戦術的な教育的経験を必要とする。生涯学習者はまた、自身の雇用やキャリアと人生における特定の目標を達成するために、特定の知識、スキル、またはコンピテンシーのセットを求めている。彼らはこの知識を効率的に取得し、迅速かつ効果的に運用したいと考えている。

一例として、かつて私はある起業家に助言をしたことがある。彼は新しいタイプのインターネット検索エンジンを開発しており、言語学（私の専門分野）がその開発にどれほど役に立つのかを知りたいと考えていた。彼は学位を必要とせず、関心があったのは知識そのものであった。その明確な目標に適合した技術を見つけるために、彼は言語学の応用に関する短期集中コースを必要としていた。このために、構文、音韻論や意味論についていくらか基礎知識を学ぶ必要があった。同時に、言語学のより高度な計算的側面について多少理解する必要もあった。大学における伝統的な言語学の学位コースに進んでも、検索エンジンの構築という彼の目標には役に立たなかっただろう。けれども、私は彼の役に立つことができた。彼が求める知識をすばやく収集整理しあつらえることができれば、大学にも同じことができるはずだ。

私の知人の起業家のような人たちのニーズは高まっている。生涯学習者向けの「ブートキャンプ」（短期集中トレーニング講座）が増え、伝統的な大学だけでなく、ジェネラル・アセンブリ（General Assembly）、ビット・ブートキャンプ（Bit Bootcamp）、データ・サイエンス・ドージョー（Data Science Dojo）などの新たに設立された企業もそうしたコースを提供している。たとえば、ノースイースタン州の標準プログラムは、生涯学習者向けに設計されたデータ分析の集中トレーニング講座である。修士プログラムに長期間在籍する代わりに、受講生は短期集中型のコースで学ぶことができる。そのプログラムの設計は、職業につながるようカスタマイズされている。成長分野における求人内容に沿うように構築されており、将来の雇用者となりうる企業とともにプロジェクトで経験を積んでいく。典型的な大学の一学期よりも短期間で完了するので、非常に効率的でもある。

ブートキャンプのような革新的なプログラム形態は有益だが、大学はそこでとどまる必要はない。生涯学習に対する需要は、ＡＩの時代に人々が能力向上を目指そうとするなかますます加速している。そのことは、大学がいかに知識を体系化し、それを届けるかという大きな問題について再考することを促している。

今日、大学は学部レベルで教える知識と大学院レベルの課程に含める知識とのあいだに人為的な境界線を立てている。生涯学習者が増加し、大学がこうした学習者のニーズにより注力していくことになると、私たちには知識を体系化し区分するための別の方法が必要になる。学部課程や大学院課程といった旧式の区分に知識をはめ込むのではなく、学習者が目指す目標に従って組み立てられるよう、小さくモジュール化されたブロックに切り分けることも考えられる。これらのブロックを取りそろえ積み上げて伝統的な学位と似通ったものにすることもできるが、典型的な学位プログラムに比べて数多くの組み合わせができる点が異なる。さらに、考えうる組み合わせを、典型的な学位が許容する以上に学習者の特定のニーズにしっかりとマッチさせることができる。

たとえば、生体工学を学びたいと願う三人の学習者がいるとしよう。一人目は、技術分野から生命科学分野の道に入ろうとしている転職希望者。それゆえに彼女が履修するカリキュラムの配列は、生体工学の基礎に関する四つのブロックに、技術に関する彼女の既存の知識を活用する三つの応用学習ブロックを混ぜたものになるかもしれない。二人目は、すでに生体工学分野に携わっていて、会社のなかで中堅職から管理職への階段を上ろうとしている者。このケースでは、履修するカリキュラム配列は、専門分野における最近の進歩に追いつくための三つの生体工学のブロックと、管理能力や事業開発に関する二つのブロックを組み合わせたものになるかもしれない。最後の三人目は、医療サービスの提供においてナノテクノロジーの使用を広げようとしているヘルスケア企業の経営幹部。このケースでは、医療関連のナノテクノロジー応用に重点を置いた二つのブロックを履修するだけでいいかもしれない。

こうした学習者のニーズを教育の順序に密に反映させるべきなのは自明だが、こうして積み上げられたカリキュラムのブロックを、大学がどのように正規の学位に変換できるかという点は、まったく新しい課題である。たとえば、一番目の学生には、彼女が以前学んだことがある基礎に加えて今回履修した長めのカリキュラムを評価し、生体工学の学士を授与することが考えられる。二番目の学習者には、短いがより発展的ないくつかのブロックを履修したものとみなして、修士の学位が授与されるかもしれない。最後の経営幹部には、短期だが高度に専門的なブロックを履修したことを考慮して、修了証明書を与えることが考えられるかもしれない。

その可能性に際限はないが、大事な点は明快である。もっときめ細かく知識を分割することで、大学は学習者、とくに生涯学習者に効果的に知識を授け、彼らの明確なニーズを充たすことができる。目的志向が強い学習者たちが一生使わないかもしれない付随的な知識ではなく、直ちに実用可能な知識を重視することができる。

教員

生涯学習を大学の使命に引き上げることは、学生だけでなく大学コミュニティの他のあらゆる構成員に対しても重大な影響をもたらす。生涯学習への要求の高まりは、教員に対する要求が高まっていくことを意味する。したがって、大学が今後教育スタッフ（専従教員）を拡充する必要性があると考えるのは自然である。

これは以前からの傾向でもある。全米教育統計センターによれば、約150万人の大学職員が主に教育、研究、あるいは社会貢献に携わり、そのうち120万人近くが教育を主とする教員である。*22 それに対して、教育と研究の両方を担う教員は27万人程度であり、研究を専業とする人は6万5000人にとどまる。*23 さらに、大学レベルの教育専任教員の数は一層増加している。

２００４年から２０１０年のあいだに、アメリカの大学の教育スタッフは全体で20万人増えた。[*24] 常勤講師は約11％増え、非常勤講師数は大体30％増加した。[*25] この専任講師に対する需要の増加は、生涯学習者の大群が教室に来るようになるにつれ高まるばかりである。

今後の教育専任教員の流入も、教員どうしの協力のあり方（ときには協力しないこと）にも影響を与えるかもしれない。今日、大学の学科は層をなしていて、研究に専ら携わるテニュア教授がピラミッド組織の上層部を占める。この層の外部に、一般的には教育に特化したノン・テニュアトラック教員、産業界での際立った経歴のあと大学に教えにきた実務教授、研究員、非常勤教授、その他が存在する。

この状況にはしかし、より多くの生涯学習者に役に立ち、積み上げ可能な内容をもっと提供し、そして学問の境界を破壊することを前提とする組織においては、疑問が投げかけられている。今後、教育専任教員のきわめて重要な役割が認められていくだろうし、そうあるべきだ。より多くの大学が学習者のニーズに合わせモジュール化された、積み上げ方式での教育提供に移行するにつれ、分野を超えた教育専任教員どうしの協力も頻繁になるだろう。学習者自身もこの変化を促すだろう。彼らが狙うニーズにあった内容のブロックを取りそろえてもらえるよう大学の教授たちに求めることで、学際的な協力を後押しする。同様に、大学が生涯学習者を教育しようと努力するにつれて、教員もまた自身の生涯学習にもっと時間を投資し、こうした学習者の集団に適した新しい教育方式や伝達方法や教育スキルをつねに把握することを迫られるだろう。

卒業生

最後に、大学における生涯学習の環境を拡大することは、卒業生の概念や卒業生から見た大学の評価についての従来の考え方にも再考を促す。四年制高等教育の卒業生の大部分は、のちに大学院学位もしくは専門職学位を取得しようがしまいが、学士学位を授与された場所を母校だと考えている。概して、卒業生たちが時々母校に帰ってくるのは、スポーツイベントや同窓会に参加したり、親交を深めたりというように、要するに過去に戻るためである。その一方、大学における生涯学習の拡大、そして一度大学教育を受けた人々によるそのニーズは、卒業生と母校との関係を変えていく可能性がある。母校が現在や未来のための、広範で活発なネットワークに加わるための場所になりうるのだ。

継続学習の場として大学に頼ることに加え、卒業生は就職斡旋や他の支援を継続的に活用することで、社交の場から実用的な機能をもつ場所として、大学と関わり続けようとしている。このことはすでに多くの大学で起こっていて、そのうち普通の状況となるだろう。したがって将来における一般的な同窓会は、ベンチャー企業のインキュベーターや起業支援にアクセスできる場所として運営されるだろう。それは職業人をベテランの先輩とつなげ、指導や組織的な支援を提供することができる。卒業生の事業を、教授の専門的知識や研究と結びつけることができる。さらに、関心を同じくする共同体の中心となって、仕事上の目標、趣味あるいは慈善事業に関する目的を共有する同窓生たちを結びつけてくれる。

このように、卒業生の生涯を通じて大学が育み支援し続けてくれることにより、「母校」(alma

mater、「育む母」）の文字どおりの意味は強固になっていくだろう。いわば膨大な数の社会的、職業的、教育的なニッチを満たしてくれるようなクラブに、生涯所属することになる。この原動力はまた、大学の寄付のあり方を変えていくかもしれない。たとえば、資金獲得キャンペーンに対し毎年小切手を切るだけでなく、卒業生は年額制で、大学のサービスや学習機会を継続的に利用できる契約をする。大学の資金獲得事業は、卒業生の愛校心に頼ったものから、提供される利益、講座、サービスが明示されたリストに依存したものに変わる可能性がある。

生涯学習を重視する大学において卒業生の重要性が拡大することは、さらに多くの課題を引き起こす。すでに述べたように、アメリカの大学の卒業生は学部時代を過ごした母校に最も愛情を感じる。親しい友人と学生寮で暮らしながら活気に満ちた若い時代を過ごすので、ハイブリッド方式で届けられる的を絞った学習パックに申し込むよりも愛着を覚えるのだろう。結局、短期集中プログラムを修了したことを記念して大学のトレーナーを買う学生はいない——少なくともいまのところは。

将来的に、生涯学習の形態の教育を人々が選ぶにつれ、卒業生の従来の忠誠心にも変化が見られるのかもしれない。人々は、いまより多くの母校をもつようになるかもしれない。標準的な学士号の取得がもたらす境界線は、新たな形態の資格に取って代わられる可能性がある。それゆえ、生涯のキャリアにわたって最大限価値あるものを与えてくれた大学に、卒業生は最も強い愛情を感じることになるかもしれない。このことは必ずしも完全な取引関係に転換するということではないが、多数の大学が人々の限られた注目を得るべく争っているなかで、確実な結果を生むところが際立つことになるだろう。もし大学が頼りになる存在であり続け、卒業生を支援し続けるなら、学習者が教育そして楽しみを求めて戻ってくる可能性は高くなるだろう。

大学間連携の高まり

本章ではこれまで、大学が「つくれば奴はやってくる」的な教育モデルから学習者に合わせてつくられるモデルに転換して生涯学習を高めようとするときに予想される、大学内での影響について検討してきた。しかし、影響は大学のなかにとどまらない。それは大学の構造全体に対しても変化を促し、新しい機会をもたらす。これは不思議なことではない。歴史を通して、結局のところ高等教育は、組織形態や社会のなかでの位置づけを進化させることで、技術変化や、狙いを定める学習者の状況に対応してきた。そのようにして、いまに至るまでアメリカの高等教育は農業大学や工業大学、リベラルアーツカレッジ、研究大学、公立大学制度、コミュニティカレッジそしてオンライン大学を取りそろえてきた。

今日、私たちは再びそのような変曲点に至った。迫りくる自動化の波、AIで動く機械、そしてあらゆる形態の仕事に先端技術が組み込まれることは、ほぼすべての者が生涯学習者となることを余儀なくさせ、そして今度は学習者が存在する場所まで大学が出向く必要がある。前節で、学習者を主体に学習課程、教員、卒業生へのサービスを一貫したものにすることで、これを比喩的な意味でどのように実現していくか説明してきた。だが私は文字どおりの意味を込めている。AIに動かされる経済のもと、生涯学習に対する高まるニーズを満たさなければならないなかで、大学には一機関であることを超え、あるいは州制度のなかのいくつかの機関の集合体であることを超えていく有利な条件をもっている。それは、高等教育の進化における次の段階だと私が確信する「大学間連携（multi-university network）」である。

聡明な読者は、この表現とクラーク・カーがよく知られた著書『大学の効用』のなかで用いた「マルチバーシティ」という言葉に類似点があることに気づくであろう。名称は似ているが、発想は異なる。カーは、１９６０年代にアメリカで制度化された研究大学を念頭に、その活動、利害、人員をまとめ上げたものを「マルチバーシティ」として描いた。[*26] その一方、「大学間連携」は多様な州や多数の国家すら越えている存在である。ネットワークの各ノードは他とつながっており、学習者が学問的プログラム、学習リソース、経験学習を利用すべくそれらを渡り歩けるようになっている。今後も増え続ける生涯学習者たちのニーズを考えれば、いくつもの意味で、これは次なる大学の在り方として理にかなっている。

大学間連携をどう機能させるか？

たとえば、ボストン、シャーロット、シアトル、シリコンバレーに拠点を構えるアメリカのある大学間連携があるとし、そして新進のソーシャルメディア起業家である若い学習者がいるとしよう。彼女の未来は、ＡＩ主導の技術変化の風に巻き込まれていくだろう。彼女はボストンにある大学間連携のノードで、コンピュータサイエンスとビジネスに関するモジュールを履修することで、生涯学習を開始するかもしれない。彼女は仕上げとして、シアトルに拠点を置くアマゾン社とパーキンス・コーイー法律事務所にてコーオプ教育を受け、知的財産法を学ぶ。彼女はまた、シアトルのノードにいるあいだに、分析学に関する短期集中講座も受ける。

この知識と経験を活用して新たにソーシャルメディア企業を立ち上げた彼女は、それから2、3年後、大学間連携に戻ってくる。彼女の会社が依存している従来のインターネットプラットフォームよりも、仮想現実ベースのプラットフォームに顧客が急速に引きつけられており、いまは成功しているけれども、間もなく行き詰まると予想したからだ。それゆえに彼女は、シリコンバレーの拠点で、事業をどのようにVRベースのプラットフォームに効率よく素早く切り替えていくべきかに焦点をあてる二つのモジュールを（社内チームの主要メンバーと一緒に）受講することを決める。彼女の戦略は成功し、会社は成長し続ける。

5年後、さらなる技術変化が彼女の視野に入ってきたため、会社を売るのに適した時期だと判断する。そこで彼女はもう一度大学間連携に戻り、今回はシャーロットにて企業買収とビジネス交渉に関する再教育モジュールを受講する。そこで新たな経験学習の機会を得るなかで、彼女の次の起業を助けてくれるような地域の金融機関や投資家候補とつながっていく。

国際的大学間連携

ここまでの例は架空のものであるが、現実の大学間連携はそうかけ離れたものではない。実際に、ノースイースタン大学は、上の例で出したキャンパス——比較的手軽な拠点——に加え、トロントのようなアメリカ国外にも拠点を置くことでそうしたネットワークの基礎を築いてきた。本学だけではない。カーネギーメロン大学は同様のアプローチをとり、世界中に大学院学位プログラムを広げた。イェール大学はシンガポールで教養教育を提供し、またニューヨーク大学は現在アメリカ国外に10以上の拠点をもつ。複数キャンパス、多種多様な教育プログラムを導入することで、私たちの大学や他の似た大学は、ＡＩ時代において到来する生涯学習に対する膨大な需要によりよく応えることができる。

すべての大学が、アメリカ国内外に複数の拠点を設置することを望んでいるわけではなく、またすべての大学がそうすべきでもない。離れた場所どうしをつなぎ、真に結合した制度を形づくることはものすごく手間のかかる試みである。学問的プログラムと学習機会がかみ合うようにし、学習者たちをネットワークのなかで循環させながら、その学習ニーズに対しても高度にカスタマイズされたものにすることは、非常に緻密な調整を必要とするだろう。さらに学習機会を最も効果的に提供するために、そうしたネットワークは本書で述べたような経験学習やヒューマニクスモデルを取り入れるのが理想だろう。

国境を越える大学間連携を創設しようとする大学は、とりわけ重要な課題、つまり単なる国際的な（多国間の）連携ではなく、真にグローバルな形になるようどのように運営していくかについて取り組む必要がある。他の産業もこの課題に取り組んできた。昔、アメリカの自動車会社が海外に展開し始めたとき、それらは国際的なアプローチを採用した。新たな国で工場を開設したが、製品や戦略に関するすべての決定はアメリカの本社に一元化されたままであった。それは効率的であったかもしれないが、あまり効果的ではなかった。というのも自動車メーカーは（当然のことながら）、しばしば新規市場の顧客ニーズを捉えた独自の車ではなく、アメリカ版のコピーのような新車を製造したからだ。

対照的に、製薬業界が新たな開拓地を探索し始めた際、先駆者たちはよりグローバルなアプローチを採用した。彼らも未開拓市場に新たに施設を建てたが、アメリカでうまくいった戦略を単に再現する代わりに、新たな本部に対し、現地の当面の現実に合わせられる運営方針をとらせた。製品設計やマーケティング戦略を上から伝達する代わりに、その状況や地域の特異性を捉えられる分権的なアプローチが主流となった。*27

国際的連携かグローバル連携かの選択肢を与えられたとき、大学間連携を構築しようとしている高等教育機関は製薬企業を手本にするのがよいというのが私の主張だ。大学が存在するそれぞれの現場の実態に順応することで、そうしたネットワークは現場ごとの微妙な違いを高い精度で提供する教育に組み込めるであろう。学習者がネットワークを循環するにつれ、その恩恵として、たとえば深い異文化アジリティや並外れて鋭敏なシステム思考を得ていくだろう。大学間連携によりさまざまな経験や環境に繰り返しさらされることで、学習者は世界の多様性を深く認識するようになり、それにより、機械が及ばないほどの創造力と知的な柔軟性を手にすることができる。

たとえば、工学と気候変動という二つのテーマに熱中し、ニューヨーク、バンクーバー、ドバイ、そしてニューデリーに所在する大学間連携に学生として登録している生涯学習者の例を考えてみよう。このネットワークを渡り歩くなかで、アメリカ東海岸における都市沿岸の持続可能性の問題に没頭し、それから方向転換して中東での効果的な水道システムの構築において技術者が直面する課題について学ぶかもしれない。もう一度転換して、インド亜大陸における不十分な都市下水路システムが健康に与える影響について関心を寄せるかもしれないし、それから再生可能エネルギーや環境エコの実践を促進するバンクーバーの政策の影響評価に集中するかもしれない。そのなかで彼女はさらにカスタマイズされたプログラムやコーオプ教育から恩恵を受ける。このような学びの機会は、彼女に対し真に卓越した教育を与えるだろう。時間とともに、彼女は主題についてより包括的にかつ複合的に理解していき、グローバルな俯瞰的視点と、地域コミュニティにどんな影響を与えるかについての専門家的な理解力を得るだろう。繰り返しになるが、こうした構想を完全に実現するのは決して容易いことではない。しかしながら、もし高等教育機関がそれを実現できたなら、それはロボット・プルーフで卓越した学習者を生み出すであろう。

クラーク・カーの考えたマルチバーシティは、その時代の世界を反映したものであった。それと同じく、大学間連携は私たちの時代の反映である。世界の複雑さが指数的に増大する時代においては同等に複雑なもの、つまりネットワークを利用する以外に、それを理解し、影響を与え、改善することはできない。21世紀の技術的挑戦や経済的課題に立ち向かううえで、個々の学習者は高等教育会が提供するグローバルなネットワークにアクセスする機会を得ることができ、一生恩恵を受けられる。学習者がこの恩恵を手にするのに一役買うために、多くの高等教育機関は必然的に現行の形から進化していくであろうと私は確信する。

おわりに

1944年11月17日の世界情勢を思い浮かべてほしい。地球には約25億人の人間が存在しており、誰もプログラム可能なデジタルコンピュータなど使ったことがなかった。ヨーロッパと太平洋にまたがる戦況は大きく動いており、アメリカ政府当局は戦地に送られた数百万人の陸軍兵士をどうやってアメリカの経済と社会に復帰させるかについて真剣に考えていた。[*1] 当時、結核と早産がアメリカでの死因のトップテンに含まれていた。[*2] 地表の温度は、21世紀の初期に問題になるような高い水準に向けて、緩やかに上昇を始めたところだった。[*3] 『オックスフォード英語辞典』には「携帯電話」の項目はなく、「マイクロチップ」でさえ数十年を待たなければ現れない。

そのような世界情勢のなかで、フランクリン・D・ルーズベルト大統領は、アメリカ科学研究開発局長であったヴァネヴァー・ブッシュに、当局のもつ巨大エネルギーを平時に応用することを要請する手紙を送った。そこには「知性の新しいフロンティアが目の前に広がっている」とあり、続けて、「もし、この戦争で私たちが発揮したのと同じくらいの先見性、大胆さ、駆動力でそのフロンティアを開拓すれば、私たちはもっと豊かで有益な雇用、そしてもっと豊かで有益な生活を創り出せるだろう」とルーズベルトは書いている。[*4]

1944年の世界と現代は、かなり離れているように見えるが、重要な類似性がある。当時もいまも、テクノロジーは人々の生き方と働き方を変容させている。当時もいまも、技術が損害を与える可能性があると恐れる人もいれば、人類の救済だと考える人もいる。当時もいまも、政府と高等教育は、進歩の力を育て利用しようとしている。そして1944年の彼らには、そのための明確なアイディアがあった。社会的な契約を結ぶという方法である。

ブッシュ博士は、ルーズベルトへの返答として、現在では有名になった報告書「科学―その果てしなきフロンティア（Science: The Endless Frontier）」の形で応えている。そのなかでは、大学における研究に関する将来計画を立案し、「国家としての安全保障、人々の健康、雇用の増加、生活水準の向上、文化の発展にとって、科学的な進歩は欠かせない鍵である」と述べている。[*5] これらを達成するために、新しい知識の創造、次世代の科学者の教育、新しい製品と産業を創出、公共福祉の増進、という四つの重要な目的に対し政府資金が大学へ注がれるシステムを提案した。「国家と個人の双方にとって、このような探究がもたらす見返りは大きい」とブッシュは述べている。

ブッシュは正しかった。1940年代に確立された、政府と大学教育とのあいだの上記のような社会契約によって、アメリカ社会は新しい繁栄の時代を迎えることになった。政府は資金を提供し、代わりに大学は新しい職業や産業を生み出す新しい知識を提供した。その結果として、20世紀の多大な経済的および技術的進歩の基盤ができたのである。

原子力時代の夜明けと同様に、AI時代における臨界点もまた、より幅広い善のために知識と学習を活用せよという社会契約を要求する。しかし、その包括的な目標は、今日の経済的・社会的要請と整合したものでなければならない。とくに、社会で増大する格差に対処すべく、奇跡的な発展を遂げる世界がもたらすチャンスと課題に、人々を準備させる必要があるだろう。テクノロジーが進歩するにしたがって、格差が悪化する可能性がきわめて高い。先進的な機械や資本を所有している人々は、莫大な利益を得るだろうが、追放された従業員は生計を失うリスクが大きい。今日の世界では、たった8人が地球人口の半分の人々と同じ量の富を所有しているが、テクノロジーはさらにその格差を広げようとしているように見える。[*6]

社会契約の目標が時代とともに拡大しなければならないのと同時に、その参加者の名簿も大きくなっていく。今日の契約が、急激なテクノロジー変化に照らして効果的であるためには、雇用主もまた重要な一参加者として含まれるべきである。

雇用者の役割

今日では、高等教育と雇用者は、まったくといっていいほど結びつきを失っている。通常、大学と雇用者とのあいだの相互作用は表面的かつ一時的なものであり、企業にとっては学位プログラムや学科の諮問委員として参加するために、年に数回マネージャーをキャンパスに派遣するくらいだろう。カレッジと大学はビジネスのニーズを知ろうとしているが、ときにはそのシグナルを誤解し、卒業生と就職市場とのあいだにスキルギャップを生じさせる。ミスコミュニケーションがなくなるよう、さらに緊密な連携が必要なのである。

新しい社会契約は、高等教育と雇用主が互いの活動をより深く統合していく機会となる。そのためには、企業がプログラムの設計と開発に全面的に参加することになる。ゼネラル・エレクトリック社は、ノースイースタン大学と協力し、高度製造業に関する社内プログラムを開発している。この事例のように、互いに隔絶した場所であった企業と大学は、両者の事業がともに埋め込まれた一つの場所へと変わることができる。職場は、テクノロジーの変化の影響が最も強く感じられる環境の一つである。そのため、変化に対処するための教育的な取り組み――理論的な学習でも経験学習でも――は、象牙の塔のなかだけでなく会社やオフィスでも起こりうる。

2012年、サンノゼ州立大学では、また異なる形の革新的なコラボレーションが行われている。IBMと提携して、学生が得意とするソーシャルネットワーキングの能力を、仕事で使えるスキルにすることを教える、「ソーシャルビジネス」のプログラムを開発した。[*7] IBMは、専門家、メンター、テクノロジーを提供することで、産業界で喫緊のニーズのある領域で働くための教育を支援した。また、アイオワ州のドレイク大学の例もある。主にリベラルアーツ教育プログラムで知られているドレイク大学は、現在、雇用市場からの要望により近づくように、学問を統合しようと動いている。最近では、「ビジネスニーズを念頭に置いた」データ分析の主専攻《メジャー》と副専攻《マイナー》を立ち上げるために、地元の産業と提携した。[*8] 彼らは、雇用主に対して学生にどのようなコアコンピテンシーを求めているかを尋ね、それを既存のプログラムにマッピングした。そして、両者のギャップを明らかにしていった。また、企業の参画を促し、新しいプログラムの立ち上げ費用を後援してもらっている。企業と大学が、社会契約を十分に果たすべく結びつくには、この種のオープンコミュニケーション、ギブ・アンド・テイクが不可欠である。

世界での取り組み

もちろん、高等教育と雇用者との間の協力を促すことによって社会的・経済的な進歩を生み出すアプローチには多くのものがありうる。アメリカ以外の各国でも、両者のコラボレーションを深めるためのさまざまな革新的な方法がとられており、そのいくつかは長らく確立してきた既存の関係性を活用している。

たとえば、徒弟制度が発達してきたオーストリア、ドイツ、スイスはいまでもその先導者であり、職場における職業教育システムの活用と刷新を続けている。オーストリアでは、職業志向のプログラムの教師には企業での経験が求められ、多くは大学と企業での仕事を掛け持ちしている。ドイツは「二重システム」教育を掲げ、雇用主と社会を深く関与させるだけでなく、短期の雇用ニーズではなくより広範な社会的・経済的目標を果たせるようにしている。さらに、教育と雇用との接続に焦点を当てた研究を重視し、職業訓練システムの研究・改善のための全国的な研究所ネットワークに資金を提供している。スイスは、教育と雇用とのコラボレーションを強固に進めるために、コラボレーションプログラムへの雇用主の参加費用を低く抑え、コストをはるかに上回る利益を実習生や教育機関から得られるようにしてきた。[*9]

他の国に比べて徒弟制度が根付いていないアイルランドでは、「ナショナル・スキルズ・ストラテジー2025」と呼ばれるプログラムを通して職業教育の基盤を築こうとしている。この計画の根幹は、2020年までに5万人分の新規の徒弟および実習生のポジションを確保し、より多くの雇用主を教育に関わらせることである。さらに現在の2倍の国民を生涯学習に関わらせることを宣言している。[*10] もちろん、このような野心的な構想では資金が課題となる。ハンガリーでは、キャリア志向教育を強化するというニーズに応えるため、国民課税を行った。これが雇用主目線の教育のための安定した資金源となり、得られた税収の多くは企業内で実践的な学習機会を提供することに使われてきた。[*11]

現在、中国は世界的に見ても特異な状況になりつつある。国のリーダーたちはロボット革命を恐れるのではなく、むしろ進めようとしている。数十億人民元をロボット工学に投資し、国内の産業部門全体でマスオートメーション化の積極的なプログラムを開始している。今後数年間で、何千もの先進的なロボットを現在は主に人間が作業している工場に組み込む準備が整っている。国の主要な製造拠点である広東省は、2020年までに工場の80%を自動化することを目標としている。[*12] テクノロジーへのこの莫大な投資が目指すのは、中国経済全体を製造業主体からサービス業主体へと移行させることであり、これはいま全世界中で見られる知識経済からAI経済への移行という潮流に沿ったものである。中国は、世界の工場であることから脱皮し、世界の銀行、IT部門、人事部門になることを目指している。

この移行を成功させるには、中国政府の指導者や企業は、そのような将来の役割を担える人材を養成するうえで大学と協力する必要がある。その一つのモデルは韓国に見出すことができる。韓国では、産業界は大学と手を携えて教育と研究に取り組んでいる。産業界が大学の教育プログラムを後援することは一般的であり、各地域の大学は雇用主との協力を促進するための特別な補助金を受けている。また、韓国は大学と産業界との共同研究の比率が世界で最も高い。産学連携事業の上位14件のうちの七つは韓国の大企業サムスンとのあいだのものであり、また浦項《ポハン》工科大学校が発表した研究の23％は産業界との共同研究だった。*13

明らかに、大学と雇用主が共通の利益のために一緒に取り組むべきであるという考えは世界的な流れである。両者の契約と連携の詳細は国によって異なるが、社会と経済とを進展させるという目標は共通である。アメリカが自国の高等教育、産業界、そして政府間の相互関係の再定義に向けて動こうとしているいま、その他の国々がＡＩ時代の困難とチャンスとにいかに対応しようとしているかに注目することが有益なのは確かである。

誤った選択肢と、本当の選択肢

カレッジや大学についての一般的な言説の多くでは、善悪を問わず、どのような種類の教育がベストかという問いに焦点が当てられる。その議論はしばしば、「生きるための学習」か「稼ぐための学習」か、あるいは、「リベラルアーツ教育」か「エンプロイアビリティ（雇用されるための能力）のための『実践的な』コース」かといった、二分法として単純化される。しかし、ロボット・プルーフの教育モデルは、これらが誤った選択肢であることを示している。

優秀な機械の到来は、「実用的な」応用科目を履修すれば高収入な職業につけるという考えを完全に払拭してしまう。今後は、こうした科目が念頭に置いてきた仕事、すなわち単純な分析や状況に沿った事実の適用、データの管理などの多くを機械が行うだろう。代わりに、将来の仕事は、より高次の認知能力とスキルを必要とする。これはしばしばリベラルアーツ教育に結びつけて語られるものであり、リベラルアーツ教育が重点的に養うものである。本書を通して議論してきたように、人間が果たす役割の大部分は創造性に関するものになる。

また、経済的報酬の多いキャリアか心が満たされる人生のどちらかを選択しなければならないという思い込みからも、そろそろ脱するべきかもしれない。これまで以上に、専門職で成功するために身につけるべき能力と、ニューマン枢機卿が「リベラルな知」として賞賛し支持した技能——すなわち、機敏な判断、考えを練り直すこと、そして洗練された表現力——とは等価となりつつある。[*14] 機械は私たちのルーティンワークを奪う代わりに、私たちを単調な作業から解放し、より創造的な仕事へと解き放つであろう。明日の仕事は、創造性や高次の能力を要求し、それを企業、経済、そして社会のために使うことを求めるだろう。以前は、工場労働者は日々単調な仕事を繰り返すしかなかった。しかし明日は、スキルをもった専門職として会社で働くチャンスを得るかもしれない。部署間での情報のやりとりだけを担っていた中間管理職は、明日は社内起業家になっているだろう。同様に、1950年代にウィリアム・ホワイトが描いた灰色の「組織人」はパンチカードを押して、何も考えることなくただ会社の方針を従業員に強いるだけであった。[*15] しかし明日、「組織人」は世界規模で展開するビジネス戦略を立案し、その方針に沿った全従業員の具体的な再配置の計画を立てるだろう。

対象が若い学習者であろうと、年配の学習者、会社員、あるいはフリーランス労働者であろうと、最終的な教育の目的は同じである。いまや学習は、多くの寄港地を予定している終わりのない航海のようなものである。この終わりなき旅の影響は、キャンパスの門をはるかに超えて、私たちの家、職場、そして私たちが今後起業する新しい会社にも及ぶ。それは私たちの意欲を形成し、さらに法律にすら影響を与えるだろう。こうした学習は、距離、場所、時間の制約を乗り越えるべく構築された世界中の大学ネットワークによって届けられ、最終的には誰もがその影響を受けるだろう。

教育は人類の問題に対する万能薬ではない。私たちが社会と自然界から被るあらゆる苦境から、教育だけで抜け出すことはできない。しかしながら、私たちは、人々が変化を恐れず、目先にあるテクノロジーの奇跡を受け入れるのを助けることはできる。私たちが十分に多くの人々を教育すれば、社会はより公平公正で、より持続可能な方向に向かうのではないだろうか。教育を受けてもなお、人々は未来がもたらす変化や謎に驚かされるかもしれないが、しかしそれを脅威ではなくチャンスだとみなせるようにはなるはずだ。

そのような世界は実現可能である、と私は信じている。それを実現するのが、私たちの仕事なのだ。

謝辞

ノースイースタン大学の非常に多くの人々がこの本で論じている考え方や概念に貢献してきた。なかでも、J・D・ラロック（J. D. LaRock）とアンドリュー・リマス（Andrew Rimas）に感謝する。彼らがいなければこのプロジェクトは完成しえなかった。

私の同僚のマイケル・アルミニ（Michael Armini）、ジェームス・ビーン（James Bean）、ジェームス・ハックニー（James Hackney）、ダイアナ・マッギリヴレイ（Diane MacGillivray）、フィロメナ・マンテラ（Philomena Mantella）、ラルフ・マーティン（Ralph Martin）、そしてトーマス・ネデル（Thomas Nedell）にも感謝する。彼らとの共同の仕事は、ここに書かれている多くの内容に影響を与えた。スーザン・アンブローズ（Susan Ambrose）とウタ・ポイジャー（Uta Poiger）も、とくに経験学習、学習科学、そして「経験的教養」に関して非常に貴重な洞察を提供してくれた。

新しい学習モデルである「ヒューマニクス」を含む本書の多くの議論は、ノースイースタン大学の教育計画「ノースイースタン２０２５」から取り出した。本学の教員、職員、そして学生がこの奥深く進歩的な教育計画に貢献してくれたことに感謝している。

私が本書で議論した考えやテーマの多くを大学で実践するための私たちの努力を支援してくれ

た、ニール・フィネガン（Neal Finnegan）、サイ・スタンバーグ（Sy Sternberg）、ヘンリー・ナセラ（Henry Nasella）、リッチ・ダモーレ（Rich D'Amore）を含むノースイースタン大学の理事会にも感謝している。

ロイド・アームストロング（Lloyd Armstrong）やヴァータン・グレゴリアン（Vartan Gregorian）をはじめとする、高等教育や世界についての私の考えを形づくることを助けてくれた元同僚やメンターの支援に、私は絶えず感謝している。

本書はまた、本文で引用されているものにとどまらず、学生、学者、そしてビジネスリーダーとのインタビューや会話の過程で明らかになった洞察からも恩恵を受けている。本書への意見を寄せてくれたノースイースタン大学の同僚であるクリス・ガラファー（Chris Gallagher）、ダン・グレゴリー（Dan Gregory）、マーク・メイヤー（Marc Meyer）、デニス・ショーネシー（Dennis Shaughnessy）、マリア・スタイン（Maria Stein）、アラン・ストーン（Alan Stone）、チーデム・タルガー（Cigdem Talgar）、ミッシェル・ザフ（Michelle Zaff）に感謝の意を表す。

そして、すべては妻のゼイナ（Zeina）と息子たち、エイドリアン（Adrian）とカリム（Karim）からの愛と支えのおかげである。

訳者解説

何度目かの人工知能（ＡＩ）ブームが起こってしばらくたつ。

進化を続けるＡＩに対抗する能力を、大学教育はどのように身につけさせることができるだろうか。本書は、米国で経験学習を推進してきたノースイースタン大学のアウン学長が、このテーマを正面から論じた一冊である。ウォーター・プルーフ（防水加工・耐水性）をもじってつけられた書名ではあるが、防水加工を施すがごとくに、防ＡＩ加工・耐ロボット性を学生へ装着させることは簡単ではないだろう。しかし、アウン氏の筆は力強い。ノースイースタン大学での取り組みを下敷きにしながらも、テクノロジーと人間の関わってきた歴史を紐解き、未来に求められる人間の新しい能力への展望を大胆に描いた本書は、「ハーバード大学の有名教授が薦める２０１８年に読むべき1冊」（ビジネス・インサイダー）にも選ばれている。[*1]

大学経営者という立場と、言語学者としての立場の両方のレンズを通して編まれた本書は、日本の読者にも、ＡＩ時代の高等教育に必要な要素について概観を与えてくれるだろう。過去から現在にかけての技術的変化と大学の役割（第1章・第2章）、三つの新しいリテラシー・四つの認知能力と経験学習の提言（第3章・第4章）、未来への示唆（第5章）を論じた各パートは、それぞれ興味深く読むことができるが、全体を通して、ノースイースタン大学における大学経営戦略の理論的背景が透けて見える。概念だけを輸入する傾向の強い、日本の高等教育政策にあっても、異文化の文脈を受け入れたうえで機敏に考え直すこと、つまり本書でいう「異文化アジリティ」のような新しい能力が大学教育関係者にも求められているのではないだろうか。

日本においては、AIブームを発端に、近年、既存の産業の枠組みに代わって、第四次産業革命が起こるという見通しと、それに乗り遅れてはいけないという危機感から、ソサエティ5・0などの掛け声のもとに次世代技術革新やイノベーションの政策誘導がなされている。AI狂騒曲とも言えるような状況にあって、大学教育においても、学生がAIに対抗する力をいかに身につけていくかが至急の命題となっている。データサイエンス系学部の創設や、データサイエンスや統計学をすべての国立大学において必須の科目としようとするなど、矢継ぎ早の動きが見られる。新しい素養としてデータを扱うスキルをもったAI技術者養成が求められるとはいっても、やや短絡的とも見える直接的な政策立案の連続には、文系廃止論争における「大学教育は社会の役に立っているのか」という問題提起、「教科書が読めない子どもたち」（新井紀子）、古くは「分数ができない大学生」（岡部恒治ら）に見られる、読解リテラシー、数理リテラシー（本書でも概念拡張がなされているが、そもそも〈リテラシー〉とは識字、読み書きの力を指す言葉である）の見た目上の低下、高校全入・大学全入時代にあって選抜性が損なわれ、偏差値輪切り型、パターン化してしまった大学入試選抜制度への反省があったものと思われる。とはいえ、現在に至っても上記の論争に決着がついたわけではなく、中央教育審議会による答申の連続、矢継ぎ早の教育改革政策に見られるように、むしろ焦燥感は強まっている。学校教育と大学教育は、アクティブラーニング導入と高大接続改革の流れの渦中にある。

さて、産業構造の転換に起因する大学進学者の急増と、大学教育の質的転換の必要性については論を待たないところであるが、アメリカでは、１９８０年代にはすでに大学教育の大衆化の荒波が到来していた。さまざまな大学が、独自の制度改革と教育改善に取り組んだが、そのなかで生まれたものの一つが、企業との新しい連携教育であるコーオプ教育である。かつてアメリカの教育哲学者、ジョン・デューイが提唱した経験主義・進歩主義教育に端を発する「経験教育」は、座学で得られる知識にとどまらず、活用と探究を基本とした教育方法である。ノースイースタン大学のあるマサチューセッツ州ボストンは、ハーバード大学・マサチューセッツ工科大学（ＭＩＴ）をはじめとする研究大学の集積地であるが、実は工業社会に対応した現代学校制度とペーパーテストの発祥の地でもある。そしていま、ここではＡＩ時代を見据えた新たな大学改革が進行しているのである。現地で何が起こっているのであろうか。

訳者の一人である杉森は、２０１８年9月から２０１９年3月まで、ボストンでのサバティカル研修の機会を得て、タフツ大学の教育学習改善センターの客員研究員として滞在し、近隣大学への視察調査を行うことができた。本書でもたびたび登場する、ＳＡＩＬアプリを開発したノースイースタン大学の教育学習センター（ＣＡＳＴＬＲ）へも訪問し、コーオプ教育を支える教育研修の取り組みについて聞き取りを行った。訳者が訪問した際には、ＳＡＩＬ（Student Assessed Integrated Learning）の名称を、Self-Authored Integrated Learning：自己記述型（あるいは自己決定型）統合学習と改訂したばかりであった。インタビューに応じてくれたHilary Schuldt博士によると、学生と大学教職員・企業担当者・アカデミックアドバイザー・コーオプ教育スタッフが多様に関わり合うシステムの実態を反映し、「Student」から「Self」へ変えたそうであるが、SAIL（帆船の帆）の語のイメージをさらに発展させて、学生自らが舵を取るように意図しているようにも思える。

アメリカの大学のほとんどは、学生の学習への意欲的な関わり（エンゲージメント）と成功のために、その多様性と包摂を使命に掲げており、高等教育によってテクノロジーと知能機械に対抗していくというスローガンが受け入れられやすい文脈のもとにある。単なる知の伝達から、多様な経験に基づく知の創造へ、「知識革命の時代」へのパラダイムシフトの時代を迎えようとしているのが感じられた。

こうしたアメリカ大学教育における経験教育などについて紹介している数少ない日本語文献に、たとえば『カレッジ（アン）バウンド』がある。[*2]また、ＳＡＩＬ同様にコンピテンシーをもとにした大学教育としては、ミネルバ大学の取り組みなどが参考になる。[*3]

第3章の少ない紙面で触れられていた、システム思考の初中等教育への導入については、ごく最近、大きな進展があった。『学習する学校』[*4]の著者であるＭＩＴのピーター・センゲが、２０１９年1月に国際バカロレアの初中等教育の教師を対象にした初回のワークショップを開催し、私（杉森）も参加することができた。システム思考と社会情動的スキルの育成[*5]をともに教育へ導入しようとする試み[*6]は、本書で言うヒューマンリテラシーの開発とも呼応していて興味深い。具体的な教育プログラムに昇華する試みの途上ではあるが、テクノロジーの発展に人間のマインドセットがついていかないという現状にあって、ハードウェア・ソフトウェアに関するリテラシーを超えた、人間に関する〈ヒューマンリテラシー〉の育成こそが、まさに必要であるという本書の著者の主張は、傾聴に値する。これからの大学教育を設計し、次代の学生たちとともに社会を形成していかなければならない、私たちの課題であろう。

訳者を代表して　杉森公一

引用文献

＊1 Business Insider, "The one book every student should read in 2018, according to Harvard professors", ２０１９年８月14日閲覧, https://www.businessinsider.com/harvard-university-professors-book-recommendations-2017-12

＊2 『カレッジ（アン）バウンド―米国高等教育の現状と近未来のパノラマ』ジェフリー・J・セリンゴ著、船守美穂訳、東信堂、２０１８年。Jeffrey J. Selingo, *College (Un)bound: The Future of Higher Education and What It Means for Students*, New Harvest, 2013.

＊3 『世界のエリートが今一番入りたい大学ミネルバ』山本秀樹著、ダイヤモンド社、２０１８年。

＊4 『学習する学校―子ども・教員・親・地域で未来の学びを創造する』ピーター・M・センゲほか著、リヒテルズ直子訳、英治出版、２０１４年。Peter Senge, Nelda Cambron-McCabe, Timothy Lucas, Bryan Smith, Janis Dutton, Art Kleiner, *Schools That Learn: A Fifth Discipline Fieldbook for Educators, Parents, and Everyone Who Cares About Education*, Nicholas Brealey Publishing, 2011.

＊5 Daniel Goleman & Peter Senge, *The Triple Focus: A New Approach to Education*, More Than Sound, 2015.

＊6 Center for System Awareness ２０１９年８月14日閲覧 https://www.systemsawareness.org/

https://www.oxfam.org/en/pressroom/pressreleases/2017-01-16/just-8-men-own-same-wealth-half-world.

＊7 "IBM and San Jose State University Collaborate to Advance Social Business Skills," IBM News Room, January 11, 2012, https://www-03.ibm.com/press/us/en/pressrelease/36486.wss.

＊8 "Equipping Liberal Arts Students with Skills in Data Analytics." Business-Higher Education Forum, 2016, http://www.bhef.com/sites/default/files/BHEF_2016_DSA_Liberal_Arts.pdf.

＊9 The information on Austria, Germany, and Switzerland is from OECD, "Learning for Jobs," OECD Reviews of Vocational Education and Training, May 2011, https://www.oecd.org/edu/skills-beyond-school/LearningForJobsPointersfor%20PolicyDevelopment.pdf.〔『若者の能力開発：働くために学ぶ〈OECD 職業教育訓練レビュー：統合報告書〉』OECD 編著、岩田克彦・上西充子訳、明石書店、2012 年〕

＊10 Department of Education and Skills, "Government Launches Ireland's National Skills Strategy 2025: Ireland's Future.", January 27, 2016, http://www.education.ie/en/Press-Events/Press-Releases/2016-Press-Releases/PR2016-01-27.html.

＊11 OECD, "Learning for Jobs"（前掲）.

＊12 John Pabon, and Lin Wang, "A New Era: Optimizing Chinese Industry in the Age of Automation," BSR, February 2017, https://www.bsr.org/reports/BSR_Optimizing_Chinese_Industry_in_the_Age_of_Automation.pdf.

＊13 John Morgan, "South Korean Universities Lead the Way on Industry Collaboration," *Times Higher Education*（March 9, 2017）, https://www.timeshighereducation.com/news/south-korean-universities-lead-way-on-industry-collaboration.

＊14 Cardinal John Henry Newman, "The Idea of a University", 178. http://www.newmanreader.org/works/idea/discourse7.html.

＊15 William H. Whyte, Jr., *The Organization Man*（New York: Simon and Schuster, 1956）.〔『組織のなかの人間：オーガニゼーション・マン（上・下）』ウィリアム・H・ホワイト著、岡部慶三・藤永保訳、東京創元社、1959 年〕

growing-need-cybersecurity-professionals.

＊17 "Ohio State among Select Schools to Launch Curriculum with IBM Watson," The Ohio State University College of Engineering, May 7, 2014, https://engineering.osu.edu/news/2014/05/ohio-state-among-select-schools-chosen-launch-curriculum-ibm-watson.

＊18 Barbara Means, Yuki Toyama, Robert Murphy, and Marianne Baki, "The Effectiveness of Online and Blended Learning: A Meta-Analysis of the Empirical Literature," *Teachers College Record 115*, March 2013, 2, https://www.sri.com/sites/default/files/publications/effectiveness_of_online_and_blended_learning.pdf.

＊19 同上。

＊20 Ian Hathaway and Mark Muro, "Tracking the Gig Economy: New Numbers," Brookings Institution, October 13, 2016, https://www.brookings.edu/research/tracking-the-gig-economy-new-numbers.

＊21 Nicholas Wells, "The 'Gig Eeconomy' Is Growing-and Now We Know by How Much," CNBC, October 13, 2016, http://www.cnbc.com/2016/10/13/gig-economy-is-growing-heres-how-much.html.

＊22 Laura G. Knapp, Janice E. Kelly-Reid, and Scott A. Ginder, "Employees in Postsecondary Institutions, Fall 2010, and Salaries of Full-time Instructional Staff, 2010-11," National Center for Educational Statistics, November 2011, p. 5, https://nces.ed.gov/pubs2012/2012276.pdf.

＊23 同上。

＊24 National Association of College and University Business Officers, "New Report Shows Recent Trends in Faculty Employment and Salaries," November 29, 2011, https://www.nacubo.org:443/News/2011/11/New-Report-Shows-Recent-Trends-in-Faculty-Employment-and-Salaries.

＊25 同上。

＊26 Clark Kerr, *The Uses of the University*（Cambridge, MA: Harvard University Press, 1963）.〔『大学経営と社会環境：大学の効用〔増補第 3 版〕』クラーク・カー著、箕輪成男・鈴木一郎訳、玉川大学出版部、1994 年〕

＊27 Martin Ihrig and Ian MacMillian, "How to Get Ecosystem Buy-In," *Harvard Business Review*, March-April 2017.

あとがき

＊1 Economic Research, Federal Reserve Bank of St. Louis, "Unemployment Rate for United States," https://fred.stlouisfed.org/series/M0892BUSM156SNBR.

＊2 Centers for Disease Control and Prevention, "Leading Causes of Death, 1900-1998," https://www.cdc.gov/nchs/data/dvs/lead1900_98.pdf.

＊3 NOAA National Centers for Environmental Information, Climate at a Glance: Global Time Series, March 2017, http://www.ncdc.noaa.gov/cag.

＊4 Vannevar Bush, *Science: The Endless Frontier*（Washington, DC: United States Government Printing Office, 1945）, https://nsf.gov/about/history/vbush1945.htm.

＊5 同上。

＊6 Oxfam International, "Just 8 Men Own Same Wealth as Half the World," January 17, 2017,

＊3　Alan Tait, "Reflections on Student Support in Open and Distance Learning." *International Review of Research in Open and Distance Learning* (2003), http://oro.open.ac.uk/1017/1/604.pdf.

＊4　Daniel Webster, "Lecture before the Society for the Diffusion of Useful Knowledge, Boston, November 11, 1836," *The Writings and Speeches of Daniel Webster, vol. 13* (Boston: Little, Brown, 1903), Google Books, https://books.google.com/books?id=2iF3AAAAMAAJ&pg=PA63&source=gbs_toc_r&cad=3#v=onepage&q&f=false; Oliver Wendell Holmes, *Currents and Counter-Currents in Medical Science: With Other Addresses and Essays* (Boston: Ticknor and Fields, 1861), Google Books, https://books.google.com/books?id=c8MNAAAAYAAJ&printsec=frontcover&source=gbs_ge_summary_r&cad=0#v=onepage&q&f=false.

＊5　"About the Lowell Institute," http://www.lowellinstitute.org/about.

＊6　YMCA, "History-Founding," http://www.ymca.net/history/founding.html.

＊7　Institute of Education Sciences (IES) and National Center for Educational Statistics (NCES), "Fast Facts: Back to School Statistics," https://nces.ed.gov/fastfacts/display.asp?id=372.

＊8　Institute of Education Sciences (IES) and National Center for Educational Statistics (NCES), "Table 303.40. Total fall enrollment in degree granting postsecondary institutions, by attendance status, sex, and age: Selected years 1970 through 2025," 2015, https://nces.ed.gov/programs/digest/d15/tables/dt15_303.40.asp?current=yes.

＊9　American Association of Community Colleges, "2014 Fact Sheet," https://studylib.net/doc/18251099/2014-fact-sheet---american-association-of-community-colleges.

＊10　Institute of Education Sciences (IES) and National Center for Educational Statistics (NCES), "Web Tables: U.S. Department of Education," December 2011, NCES 2012-173, https://nces.ed.gov/pubs2012/2012173.pdf.

＊11　Patrick Gillespie, "University of Phoenix Has Lost Half Its Students," *CNNMoney*, March 15, 2015, http://money.cnn.com/2015/03/25/investing/university-of-phoenix-apollo-earnings-tank.

＊12　"Keeping It on the Company Campus," *The Economist*, May 16, 2015, http://www.economist.com/news/business/21651217-more-firms-have-set-up-their-own-corporate-universities-they-have-become-less-willing-pay.

＊13　Philipp Kolo, Ranier Strack, Philippe Cavat, Roselinde Torres, and Vikram Bhalia, "Corporate Universities: An Engine for Human Capital," *BCG Perspectives*, July 18, 2013, https://www.bcgperspectives.com/content/articles/human_resources_leadership_talent_corporate_universities_engine_human_capital/#chapter1.

＊14　"Cognition Switch: What Employers Can Do to Encourage Their Workers to Retrain," Special Report on Lifelong Education, *The Economist*, January 14, 2017, 9.

＊15　Isabel Carndenas-Navia and Brian Fitzgerald, "The Broad Application of Data Science and Analytics: Essential Tools for the Liberal Arts Graduate," Change: *The Magazine of Higher Learning*, July 31, 2015, http://www.tandfonline.com/doi/full/10.1080/00091383.2015.1053754.

＊16　Ryan Denham, "Illinois State Meets Growing Need for Cybersecurity Professionals," *Illinois State University News*, April 21, 2016, https://news.illinoisstate.edu/2016/04/illinois-state-meets-

＊11　同上、110。

＊12　Carol S. Dweck, *Mindset: The New Psychology of Success*（New York: Ballantine Books, 2008）, 12.〔『マインドセット：「やればできる！」の研究』キャロル・S・ドゥエック著、今西康子訳、草思社、2016年〕

＊13　Northeastern University, "All College Grads Want to Be Prepared for Their Careers. Northeastern Students Actually Are," http://www.northeastern.edu/preparedness. ＊リンク切れ

＊14　Northeastern University and FTI Consulting, Business Elite National Poll, Third Installment of the Innovative Imperative Polling Series, Topline Report, survey conducted February 3-19, 2014, http://www.northeastern.edu/innovationimperative/pdfs/Pipeline_toplines.pdf.

＊15　Northeastern University, Innovation in Higher Education Survey Toplines, survey conducted October 13-18, 2012, http://www.northeastern.edu/test/innovationimperative/pdfs/survey-results.pdf.

＊16　Catherine Erdelyi, February 9, 2016.（著者によるインタビュー、2016年2月9日）

＊17　McKenzie Jones, February 11, 2016.（著者によるインタビュー、2016年2月11日）

＊18　Mary Tobin, February 22, 2016.（著者によるインタビュー、2016年2月22日）

＊19　Ali Matalon, February 5, 2016.（著者によるインタビュー、2016年2月5日）

＊20　Ramanda Nanda and Jesper B. Sorenson, "Workplace Peers and Entrepreneurship," *Management Science* 56（7）（2010）：1116, https://pubsonline.informs.org/doi/10.1287/mnsc.1100.1179.

＊21　Edward P. Lazear, "Entrepreneurship," *Journal of Labor Economics* 23（4）（2005）：649-680, http://www2.econ.iastate.edu/classes/econ521/orazem/Papers/Lazear_entrepreneurship.pdf.

＊22　この節の一部は次の論文の再掲。"A Complete Education," *Inside Higher Ed*, April 20, 2015.

＊23　ウタ・ポイジャー（Uta Poiger）は、ノースイースタン大学人文社会科学部長であり、本学での「経験的教養」概念の明確化を支援してくれた。この節での議論は、彼女の深い洞察に基づいて書かれた。

＊24　Noah E. Friedkin, Anton V. Proskurnikov, Roberto Tempo, and Sergey E. Parsegov, "Network Science on Belief System Dynamics under Logic Constraints," *Science*, October 21, 2016, 321-326, http://science.sciencemag.org/content/354/6310/321.

＊25　"Purposeful Work," Bates College website, https://www.bates.edu/purposeful-work.

＊26　SAILアプリを開発したノースイースタン大学Center for the Advancement of Teaching and Learning Through Research（教育学習研究開発センター）、スーザン・アンブローズとその同僚に再び感謝する。

第5章

＊1　Arnold J. Toynbee, *A Study of History, vol. 1, Introduction: The Geneses of Civilizations*（London: Oxford University Press, 1934）, 24.〔『歴史の研究　第1巻　序論：文明の発生』アーノルド・J・トインビー著、下村連ほか「歴史の研究」刊行会訳、経済往来社、1969年〕

＊2　Jared Diamond, *Collapse: How Societies Choose to Fail or Succeed*（New York: Viking Press, 2005）, 274-275.〔『文明崩壊：滅亡と存続の命運を分けるもの（上・下）』ジャレド・ダイアモンド著、楡井浩一訳、草思社、2005年〕

＊33　J. Manyika, S. Lund, J. Bughin, J. Woetzel, K. Stamenov, and D. Dhingra, "Digital Globalization: The New Era of Global Flows," McKinsey Global Institute, February 2016, http://www.mckinsey.com/business-functions/mckinsey-digital/our-insights/digital-globalization-the-new-era-of-global-flows.

＊34　同上、4。

＊35　同上、6。

＊36　Diksha Madhok, "The Story behind India's Rice Bucket Challenge," *Quartz*, August 25, 2014, http://qz.com/254910/india-adapts-the-ice-bucket-challenge-to-suit-local-conditions-meet-the-rice-bucket-challenge.

＊37　Jie Zong and Jeanne Batalova, "Frequently Requested Statistics on Immigrants and Immigration in the United States," Migration Policy Institute, April 14, 2016, http://www.migrationpolicy.org/article/frequently-requested-statistics-immigrants-and-immigration-united-states.

＊38　Paula Caligiuri, *Cultural Agility*（前掲）, 6.

＊39　Raffi Khatchadourian, "We Know How You Feel," New Yorker, January 19, 2015, http://www.newyorker.com/magazine/2015/01/19/know-feel.

第4章

＊1　Dawn Kawamoto, "Watson Wasn't Perfect: IBM Explains the Jeopardy! Errors," *Aol.com*, February 17, 2011, http://www.aol.com/article/2011/02/17/the-watson-supercomputer-isnt-always-perfect-you-say-tomato/19848213.

＊2　Ken Jennings, "My Puny Human Brain," *Slate*, February 16, 2011, http://www.slate.com/articles/arts/culturebox/2011/02/my_puny_human_brain.html.

＊3　John Dewey, *Experience and Education*（New York: Touchstone, 1938）, http://ruby.fgcu.edu/courses/ndemers/colloquium/experienceducationdewey.pdf.〔『経験と教育』ジョン・デューイ著、市村尚久訳、講談社学術文庫、2004年〕

＊4　同上。

＊5　Ronald Fry and David Kolb, "Experiential Learning Theory and Learning Experiences in Liberal Arts Education," *New Directions for Experiential Learning, No. 6, Enriching the Liberal Arts through Experiential Learning*（San Francisco: Jossey-Bass, 1979）, 80.

＊6　私の同僚であるノースイースタン大学シニア副プロボスト（学士課程教育および経験学習担当）のスーザン・アンブローズ（Susan Ambrose）による学習科学の分野への貢献は、本章で展開したアイディアにとって不可欠だった。彼女の支援に感謝する。

＊7　Susan A. Ambrose, Michael W. Bridges, Michele DiPietro, Marsha C. Lovett, Marie K. Norman, and Richard E. Mayer, *How Learning Works: Seven Research-Based Principles for Smart Teaching*（San Francisco: Jossey- Bass, 2010）, 95.〔『大学における「学びの場」づくり』スーザン・A・アンブローズほか著、栗田佳代子訳、玉川大学出版部、2014年〕

＊8　同上、97。

＊9　同上、108。

＊10　同上、110。

ば、以下の文献を参照のこと。Frank Levy and Richard J. Murnane, R., *The New Division of Labor: How Computers Are Creating the Next Job Market*（Princeton, NJ: Princeton University Press, 2004）、Henry Jenkins, *Convergence Culture: Where Old and New Media Collide*（New York: New York University Press, 2006）.

*16　Liz Eggleston, "Coding Bootcamp Market Sizing Report 2016," *Course Report*, June 22, 2016, https://www.coursereport.com/reports/2016-coding-bootcamp-market-size-research.

*17　Sjoerd Gehring, Johnson & Johnson, March 3, 2016.（著者によるインタビュー、2016年3月3日）

*18　David S. Bennahum, "Coding Snobs Are Not Helping Our Children Prepare for the Future," *Quartz*, June 10, 2016, http://qz.com/703335/coding-snobs-are-not-helping-our-children-prepare-for-the-future.

*19　Dave Evans, "The Internet of Things: How the Next Evolution of the Internet Is Changing Everything," Cisco Internet Business Solutions Group, April 2011, http://www.cisco.com/c/dam/en_us/about/ac79/docs/innov/IoT_IBSG_0411FINAL.pdf.

*20　"Caterpillar and the Internet of Big Things," *Caterpillar*, October 15, 2015, http://www.caterpillar.com/en/news/caterpillarNews/innovation/caterpillar-disrupted.html.

*21　Michael Patrick Lynch, *The Internet of Us: Knowing More and Understanding Less in the Age of Big Data*（New York: Liveright, 2016）, 161.

*22　同上、164。

*23　Geoff Colvin, *Humans Are Underrated: What High Achievers Know That Brilliant Machines Never Will*（New York: Portfolio/Penguin, 2015）, 121.

*24　同上、128。

*25　Marcia S. Smith, "NASA's Space Shuttle Columbia: Synopsis of the Report of the Columbia Accident Investigation Board," CRS Report for Congress, Congressional Research Service, Library of Congress, September 2, 2003, https://history.nasa.gov/columbia/Troxell/Columbia%20Web%20Site/Documents/Congress/CRS%20Summary%20of%20CAIB%20Report.pdf.

*26　Christopher F. Schuetze, "A Dutch Architect Offshores the Future of Housing," *New York Times*, November 28, 2016, http://www.nytimes.com/2016/11/28/arts/design/offshoring-the-future-of-housing.html?_r=0.

*27　Waters Foundation, http://watersfoundation.org.

*28　World Economic Forum, "Human Capital Outlook: Association of Southeast Asian Nations（ASEAN）," WEF, Kuala Lumpur, Malaysia, June 1-2, 2016, http://www3.weforum.org/docs/WEF_ASEAN_HumanCapitalOutlook.pdf.

*29　U.S. Bureau of Labor Statistics,"Entrepreneurship and the U.S. Economy," 2015, http://www.bls.gov/bdm/entrepreneurship/entrepreneurship.htm.

*30　Desh Deshpande, Sycamore Networks and Deshpande Foundation, March 2, 2016.（著者によるインタビュー、2016年3月2日）

*31　FailCon, http://thefailcon.com/about.html.

*32　Paula Caligiuri, *Cultural Agility: Building a Pipeline of Successful Global Professionals*（San Francisco: Jossey-Bass, 2012）, 4.

Free Courses for a Week," *LinkedIn Official Blog*, October 20, 2016, https://blog.linkedin.com/2016/10/20/top-skills-2016-week-of-learning-linkedin.

＊2　Martin Ford, *Rise of the Robots: Technology and the Threat of a Jobless Future* (New York: Basic Books, 2015), 256.（『ロボットの脅威：人の仕事がなくなる日』マーティン・フォード著、松本剛史訳、日本経済新聞出版社、2015年）

＊3　Ryan Avent, *The Wealth of Humans: Work, Power, and Status in the Twenty-first Century* (New York: St. Martin's Press, 2016), 64.〔『デジタルエコノミーはいかにして道を誤るか：労働力余剰と人類の富』ライアン・エイヴェント著、月谷真紀訳、東洋経済新報社、2017年〕

＊4　同上、5。

＊5　Carl Haub, "How Many People Have Ever Lived on Earth?," Population Reference Bureau, October 2011, http://www.prb.org/Publications/Articles/2002/HowManyPeopleHaveEverLivedonEarth.aspx.

＊6　Amy X. Wang, "The Musical AI Is Now Working on Its Debut Album (s) - and Wants to Do the Beatles Better Than the Beatles," *Quartz*, October 18, 2016, http://qz.com/812231/sony-is-making-an-artificial-intelligence-algorithm-that-writes-perfect-hit-making-songs.

＊7　Kyung Hee Kim, "Can We Trust Creativity Tests? A Review of the Torrance Tests of Creative Thinking (TTCT)," *Creativity Research Journal* 18 (1) (2006) : 3, http://people.uncw.edu/caropresoe/GiftedFoundations/SocialEmotional/Creativity-articles/Kim_Can-we-trust-creativity-tests.pdf.

＊8　J. P. Guilford, *The Nature of Human Intelligence* (New York: McGraw- Hill, 1967) .

＊9　Kim, "Can We Trust Creativity Tests?"（前掲）, 4.

＊10　Ford, *Rise of the Robots*（前掲）, 130.

＊11　Ken Robinson, "Do Schools Kill Creativity?," Talk delivered at TED 2006, Conference on The Future We Will Create, Monterrey, California, February 2006, https://www.ted.com/playlists/171/the_most_popular_talks_of_all.

＊12　Richard Arum and Josipa Roksa, *Academically Adrift: Limited Learning on College Campuses* (Chicago: University of Chicago Press, 2011), 121.

＊13　National Center for Education Statistics, "Skills of U.S. Unemployed, Young, and Older Adults in Sharper Focus: Results from the Program for the International Assessment of Adult Competencies (PIAAC) 2012/2014," March 2016, http://nces.ed.gov/pubs2016/2016039.pdf.

＊14　ヒューマニクスについては、ノースイースタン大学の2016年の計画をまとめた「ノースイースタン2025」に詳述されている（http://www.northeastern.edu/academic-plan）。

＊15　一連の新しいリテラシーのアイディアについての議論においては、以前に同様の概念を明確化した人たちの仕事に感謝する必要がある。とくに、経済学者のフランク・レヴィ（Frank Levy）、リチャード・ムルナン（Richard Murnane）の仕事は重要である。数十年前に、彼らは、知識経済へ挑むことになる学生に必要とされる新しい基礎スキルという概念を明確にした。同様に、メディアの有識者である、ヘンリー・ジェンキンス（Henry Jenkins）は、人々がデジタル世代の複雑性に対処できるようにする新しいメディアリテラシーの概念を定義することに貢献した。たとえ

http://www.bls.gov/emp/ep_table_104.htm.　＊リンク切れ

＊9　Pew Research Center, "The State of American Jobs," October 6, 2016, http://www.pewsocialtrends.org/2016/10/06/the-state-of-american-jobs.

＊10　National Association of Colleges and Employers, "Job Outlook 2016: Attributes Employers Want to See on New College Graduates' Resumes," November 18, 2015, http://www.naceweb.org/s11182015/employers-look-for-in-new-hires.aspx.

＊11　Northeastern University and FTI Consulting, Business Elite National Poll, Third Installment of the Innovation Imperative Polling Series, Topline Report, survey conducted February 3-19, 2014, http://www.northeastern.edu/innovationimperative/pdfs/Pipeline_toplines.pdf.

＊12　James Bessen, "Employers Aren't Just Whining: The 'Skills Gap' Is Real," *Harvard Business Review*, August 25, 2014, https://hbr.org/2014/08/employers-arent-just-whining-the-skills-gap-is-real.

＊13　Executive Office of the President, National Science and Technology Council Committee on Technology, "Preparing for the Future of Artificial Intelligence," October 2016, 5.

＊14　同上、8。

＊15　David Julian, Wells Fargo, March 3, 2016（著者によるインタビュー、2016年3月3日）.

＊16　Nathaniel Popper, "The Robots Are Coming for Wall Street," *New York Times Magazine*, February 25, 2016, http://www.nytimes.com/2016/02/28/magazine/the-robots-are-coming-for-wall-street.html?smprod=nytcore-ipad&smid=nytcore-ipad-share.

＊17　Richard Susskind and Daniel Susskind, *The Future of the Professions: How Technology Will Transform the Work of Human Experts*（Oxford, UK: Oxford University Press, 2015）〔『プロフェッショナルの未来：AI、IoT時代に専門家が生き残る方法』リチャード・サスカインド、ダニエル・サスカインド著、小林啓倫訳、朝日新聞出版、2017年〕を参照。今後の技術革新によってさらに影響を受ける可能性のある、法律・医学・その他の専門職についてまとめられている。

＊18　Grant Theron, Young & Rubicam, February 23, 2016.（著者によるインタビュー、2016年2月23日）

＊19　William Manfredi, Young & Rubicam, February 23, 2016.（著者によるインタビュー、2016年2月23日）

＊20　Peter McCabe, GE Transportation, February 11, 2016.（著者によるインタビュー、2016年2月11日）

＊21　Andrea Cox, GE Aviation, February 23, 2016.（著者によるインタビュー、2016年2月23日）

＊22　Steve Vinter, Google, March 9, 2016.（著者によるインタビュー、2016年3月9日）

＊23　Darren Donovan, KPMG, March 2, 2016.（著者によるインタビュー、2016年3月2日）

＊24　Sjoerd Gehring, Johnson & Johnson, March 3, 2016.（著者によるインタビュー、2016年3月3日）

＊25　Marc Andreesen, "Why Software Is Eating the World," *Wall Street Journal*, August 20, 2011.

第3章

＊1　Catherine Fisher, "LinkedIn Unveils the Top Skills That Can Get You Hired In 2017, Offers

Series, 2016, 11, https://www.pwc.com/us/en/industry/entertainment-media/publications/consumer-intelligence-series/assets/pwc-consumer-intellgience-series-future-of-work-june-2016.pdf.
＊32 Emily Symkal, "Flexible Jobs: How the Gig Economy Is Impacting Recruiting," March 7, 2016, https://www.jibe.com/blog/what-recruiters-should-know-about-flexible-jobs-today.
＊33 Cecilia Kang, "No Driver? Bring It On. How Pittsburgh Became Uber's Testing Ground," *New York Times*, September 10, 2016, http://www.nytimes.com/2016/09/11/technology/no-driver-bring-it-on-how-pittsburgh-became-ubers-testing-ground.html.
＊34 Josh Bivens, Elise Gould, and Lawrence Mishel, "Wage Stagnation in Nine Charts," *Economic Policy Institute*, January 6, 2015, http://www.epi.org/publication/charting-wage-stagnation.
＊35 National Center for Education Statistics, "Postbaccalaureate Enrollment," *The Condition of Education*, May 2016, http://nces.ed.gov/programs/coe/indicator_chb.asp.
＊36 Karen Turner, "Why Students Are Throwing Tons of Money at a Program That Won't Give Them a College Degree," *Washington Post*, March 17, 2016, https://www.washingtonpost.com/news/the-switch/wp/2016/03/17/why-students-are-throwing-tons-of-money-at-a-program-that-wont-give-them-a-college-degree.
＊37 Jason Tanz, "Soon We Won't Program Computers. We'll Train Them Like Dogs," *Wired*, May 17, 2016, https://www.wired.com/2016/05/the-end-of-code.
＊38 Harari, *Sapiens*（前掲）, 24.
＊39 同上、25。
＊40 同上。

第2章

＊1 Charles Duhigg and Keith Bradsher, "How the U.S. Lost Out on iPhone Work," *New York Times*, January 21, 2012, http://www.nytimes.com/2012/01/22/business/apple-america-and-a-squeezed-middle-class.html?_r=1&hp=&pagewanted=all.
＊2 Simon Parry, "The True Cost of Your Cheap Clothes: Slave Wages for Bangladesh Factory Workers," *South China Morning Post Magazine*, June 11, 2016, http://www.scmp.com/magazines/post-magazine/article/1970431/true-cost-your-cheap-clothes-slave-wages-bangladesh-factory.
＊3 Diana Smeltz, Craig Kafura, and Lily Wojtowicz, "Actually, Americans Like Free Trade," *Chicago Council on Global Affairs*, September 7, 2016, https://www.thechicagocouncil.org/publication/actually-americans-free-trade.
＊4 Pew Research Center, "The American Middle Class Is Losing Ground," December 9, 2015, 4, https://www.pewsocialtrends.org/2015/12/09/the-american-middle-class-is-losing-ground/.
＊5 Emmanuel Saez, "U.S. Top One Percent of Income Earners Hit New High in 2015 amid Strong Economic Growth," Washington Center for Equitable Growth, July 1, 2016, http://equitablegrowth.org/research-analysis/u-s-top-one-percent-of-income-earners-hit-new-high-in-2015-amid-strong-economic-growth.
＊6 Pew Research Center, "The American Middle Class Is Losing Ground," 1.
＊7 同上、2。
＊8 Bureau of Labor Statistics, table 1.4, Occupations with the Most Job Growth, April 18, 2016,

June 22, 2015, http://time.com/3915231/student-veterans.

＊14 Kerr, *The Uses of the University*（前掲）, 36.

＊15 American Association for the Advancement of Science, "R&D at Colleges and Universities," updated March 24, 2016, https://www.aaas.org/page/rd-colleges-and-universities.

＊16 United States Census Bureau, "World Population: Historical Estimates of World Population," updated December, 2013, http://www.census.gov/data/tables/time-series/demo/international-prpgrams/historical-est-worldpop.html.

＊17 Population Reference Bureau, "Human Population: Urbanization," 2016, http://www.prb.org/Publications/Lesson-Plans/HumanPopulation/Urbanization.aspx.

＊18 Jonathan James, "The College Wage Premium," Federal Reserve Bank of Cleveland, August 8, 2012, https://www.clevelandfed.org/newsroom-and-events/publications/economic-commentary/2012-economic-commentaries/ec-201210-the-college-wage-premium.aspx.

＊19 Nathaniel Popper, "The Robots Are Coming for Wall Street," *New York Times Magazine*, February 25, 2016, http://www.nytimes.com/2016/02/28/magazine/the-robots-are-coming-for-wall-street.html?smprod=nytcore-ipad&smid=nytcore-ipad-share.

＊20 Clive Cookson, "US Researchers Enter the Cutting Edge with First Robot Surgeon," *Financial Times*, May 4, 2016, https://www.ft.com/content/d23c7a4e-11d9-11e6-91da-096d89bd2173.

＊21 Scott Semel, Intralinks, March 14, 2016.（著者によるインタビュー、2016年3月14日）

＊22 Klaus Schwab, *The Fourth Industrial Revolution*（Geneva: World Economic Forum, 2016）.〔『第四次産業革命：ダボス会議が予測する未来』クラウス・シュワブ著、世界経済フォーラム訳、日本経済新聞出版社、2016年〕

＊23 Colin Angle, iRobot Corporation, April 4, 2016.（著者によるインタビュー、2016年4月4日）

＊24 Martin Ford, *Rise of the Robots: Technology and the Threat of a Jobless Future*（New York: Basic Books, 2015）, 75.〔『ロボットの脅威：人の仕事がなくなる日』マーティン・フォード著、松本剛史訳、日本経済新聞出版社、2015年〕

＊25 Ryan Avent, *The Wealth of Humans: Work, Power, and Status in the Twenty-first Century*（New York: St. Martin's Press, 2016）, 5.〔『デジタルエコノミーはいかにして道を誤るか：労働力余剰と人類の富』ライアン・エイヴェント著、月谷真紀訳、東洋経済新報社、2017年〕

＊26 Richard Henderson, "Industry Employment and Output Projections to 2020," *Monthly Labor Review*, January 2012, 66, http://www.bls.gov/opub/mlr/2012/01/art4full.pdf.

＊27 Richard Henderson, "Industry Employment and Output Projections to 2024," *Monthly Labor Review*, December 2015, 2, http://www.bls.gov/emp/ep_table_201.htm.

＊28 Facebook, "Stats," http://newsroom.fb.com/company-info.

＊29 Twitter, "What's Happening," https://about.twitter.com/company.

＊30 Nir Jaimovich and Henry E. Siu, "The Trend Is the Cycle: Job Polarization and Jobless Recoveries," Working Paper No. 18334, *National Bureau of Economic Research*, August 2012, http://www.nber.org/papers/w18334.

＊31 PwC, "Work-Life 3.0: Understanding How We'll Work Next," PwC Consumer Intelligence

computer-and-information-technology/home.htm.
＊15 Danny Hakim, "GM Will Reduce Hourly Workers in US by 25,000," *New York Times*, June 8, 2005, http://www.nytimes.com/2005/06/08/business/gm-will-reduce-hourly-workers-in-us-by-25000.html.
＊16 Eric Morath, "Gig Economy Attracts Many Workers, Few Full-Time Jobs," *Wall Street Journal*, February 18, 2016, http://blogs.wsj.com/economics/2016/02/18/gig-economy-attracts-many-workers-few-full-time-jobs.
＊17 General Assembly & Burning Glass Technologies, "Hybrid Jobs: Blurring Lines-How Business and Technology Skills Are Merging to Create High Opportunity Hybrid Jobs," 2015, http://burning-glass.com/research/hybrid-jobs.
＊18 United Nations Department of Economic and Social Affairs, *World Population Prospects, the 2015 Revision*, July 29, 2015, https://esa.un.org/unpd/wpp.

第１章

＊1 "The Chapman University Survey of American Fears," 2016, http://www.chapman.edu/wilkinson/research-centers/babbie-center/survey-american-fears.aspx.
＊2 Kenneth Miller, "Archaeologists Find Earliest Evidence of Humans Cooking with Fire," *Discover Magazine*, December 17, 2013, http://discovermagazine.com/2013/may/09-archaeologists-find-earliest-evidence-of-humans-cooking-with-fire.
＊3 Yuval Noah Harari, *Sapiens: A Brief History of Humankind*（New York: HarperCollins, 2015）, 12.〔『サピエンス全史：文明の構造と人類の幸福（上・下）』ユヴァル・ノア・ハラリ著、柴田裕之訳、河出書房新社、2016 年〕
＊4 Eric Hobsbawm, "The Machine Breakers," *Past and Present 1*（*1*）（1952）: 57-70, http://web.csulb.edu/~ssayeghc/theory/wintertheory/machinebreakers.pdf.
＊5 Lord Byron's Speech, *Luddites at 200*, http://www.luddites200.org.uk/LordByronspeech.html.
＊6 "An Ode to the Framers of the Frame Bill," *Luddites at 200*, http://www.luddites200.org.uk/documents/Byronpoems.pdf.
＊7 Erik Brynjolfsson and Andrew McAfee, "Will Humans Go the Way of Horses?," *Foreign Affairs*, July-August 2015, 8.
＊8 同上。
＊9 John Henry Newman, "Discourse 7. Knowledge Viewed in Relation to Professional Skill," in *The Idea of a University*, 1858, 178, http://www.newmanreader.org/works/idea/discourse7.html
＊10 The 1890 Land Grant Universities, "The Morrill Acts of 1862 and 1890," 2015, http://www.1890universities.org/history. ＊リンク切れ
＊11 Clark Kerr, *The Uses of the University, 5th ed.*（Cambridge, MA: Harvard University Press, 2001）, 3.〔『大学経営と社会環境：大学の効用〔増補第３版〕』クラーク・カー著、箕輪成男・鈴木一郎訳、玉川大学出版部、1994 年〕
＊12 Suzanne Mettler, "How the G.I. Bill Built the Middle Class and Enhanced Democracy," *The Scholars Strategy Network*, January 2012, http://www.scholarsstrategynetwork.org/brief/how-gi-bill-built-middle-class-and-enhanced-democracy.
＊13 Eliza Berman,"How the G.I. Bill Changed the Face of Higher Education in America," *Time*,

原注

はじめに

＊1　Eric Brynjolfsson and Andrew McAfee, *The Second Machine Age: Work, Progress, and Prosperity in a Time of Brilliant Technologies* (New York: Norton, 2014), 9.〔『ザ・セカンド・マシン・エイジ』アンドリュー・マカフィー、エリック・ブリノルフソン著、村井章子訳、日経 BP 社、2015 年〕

＊2　Martin Ford, *Rise of the Robots: Technology and the Threat of a Jobless Future* (New York: Basic Books, 2015), xvi.〔『ロボットの脅威：人の仕事がなくなる日』マーティン・フォード著、松本剛史訳、日本経済新聞出版社、2015 年〕

＊3　Alistair Gray, "MasterCard to Start Trialing Pepper the Robot in Pizza Hut," *Financial Times*, May 24, 2016, https://www.ft.com/content/2b78d806-20f2-11e6-aa98-db1e01fabc0c.

＊4　Geoff Dyer, "US to Deploy Robot Combat Strategists," *Financial Times*, April 27, 2016, https://www.ft.com/content/29b93562-0c5f-11e6-b0f1-61f222853ff3.

＊5　Michael Pooler, "Industrial Robot Sales Hit Record," *Financial Times*, June 22, 2016, https://www.ft.com/content/d8d80f32-3874-11e6-a780-b48ed7b6126f.

＊6　Ravi Kalakota, "Love, Sex and Predictive Analytics: Tinder, Match.com, and OkCupid," *Business Analytics 3.0* (blog), May 29, 2015, https://practicalanalytics.co/2015/05/29/love-sex-and-predictive-analytics-tinder-match-com-and-okcupid.

＊7　Elizabeth Lopatto, "Google's AI Can Learn to Play Video Games," *The Verge*, February 25, 2015, http://www.theverge.com/2015/2/25/8108399/google-ai-deepmind-video-games.

＊8　Stanley C. Litow, February 24, 2016.（著者によるインタビュー、2016 年 2 月 24 日）

＊9　Lopatto, "Google's AI Can Learn to Play Video Games."（前掲）

＊10　Carl Benedikt Frey and Michael Osborne, "The Future of Employment: How Susceptible Are Jobs to Computerisation?," Oxford Martin School, University of Oxford, September, 2013, http://www.oxfordmartin.ox.ac.uk/downloads/academic/The_Future_of_Employment.pdf.

＊11　Nathaniel Popper, "The Robots Are Coming for Wall Street," *New York Times Magazine*, February 25, 2016, http://www.nytimes.com/2016/02/28/magazine/the-robots-are-coming-for-wall-street.html?smprod=nytcore-ipad&smid=nytcore-ipad-share.

＊12　Michael Chui, James Manyika, and Medhi Miremadi, "Four Fundamentals of Workplace Automation," *McKinsey Quarterly*, November, 2015, http://www.mckinsey.com/business-functions/business-technology/our-insights/four-fundamentals-of-workplace-automation.

＊13　Ryan Avent, *The Wealth of Humans: Work, Power, and Status in the Twenty-first Century* (New York: St. Martin's Press, 2016), 5.〔『デジタルエコノミーはいかにして道を誤るか：労働力余剰と人類の富』ライアン・エイヴェント著、月谷真紀訳、東洋経済新報社、2017 年〕

＊14　U.S. Bureau of Labor Statistics, *Occupational Outlook Handbook*, http://www.bls.gov/ooh/

論理的思考力，重要性　55

わ行
ワット，ジェームズ　22
ワトソン（IBMのスーパーコンピュータ）
　ジュパディにおける成績　93
　との提携　3
　を利用した教育課程　142

最も成長している30の専門職　40
ベイツカレッジ，経験的リベラルアーツプログラム　125
ベナハム，デヴィッド・S　71
ベンチャー企業　84, 120
ボイジャー，ウタ　181
法律専門職
と賃金　47-48
人間のスキルが必要とされている　46-47
の自動化　4, 46-47
倫理的問題に取り組む　76, 116
ボストン・コンサルティング・グループ，「企業内大学」について　138
ボディーランゲージ，理解の重要性　89
浦項（ポハン）工科大学校　166
ポープ，アレキサンダー　74
ホワイト，ウィリアム　167

ま行

マカフィー，アンドリュー　1
マケイブ，ピート　49-52
マタロン，アリ，コーオプ体験　116-117
マッキンゼーレポート，消える職業について　5
マネジメントスキル，部署間　53
マルクス，カール　20
マルサス，トマス・ロバート　29
マン，ホーレス　23
マンハッタン計画　25
マンフレディ，ウィリアム　48
ムルナン，リチャード　184
メディア業界，ロボットの活躍　48
メリーランド州の大学制度　141
モーツァルト，ヴォルフガング・アマデウス　62
モリル法（1962年）　22
問題解決能力，重要性　42

や行

ヤング・アンド・ルビカム社（広告企業）　48
ユーダシティ（Udacity）　139
読み書きによるコミュニケーション能力
大学における指導　67
と従業員としての成功度　42
リテラシー習得の基礎としての　69

ら行

『ライフ』誌，退役軍人の教育の必要性について　24
ラター，ブラッド　93
ラッダイト　19-20
リーダーシップスキル，重要性　42
リテラシー，新しい
概要　11-12
技術リテラシー　70-71
データリテラシー　72-73
とアイディアを伝える能力　69
と認知能力　68
ヒューマンリテラシー　74-77
リテラシー，定義　68
リトウ，スタンリー・S.　3
リベラルアーツ，経験的　122-126
リンクトイン，最も必要とされている職業的スキル　59
リンチ，マイケル・パトリック　73
ルーズベルト，フランクリン・D.　25, 160
レヴィ，フランク　184
『歴史の研究』（トインビー著）　130
レコーディング業界，自動化　63
ローウェル・ジュニア，ジョン　134
ロクサ，ジョシパ　67
ロビンソン，ケン　65
ロボット　→人工知能（AI）／ロボット
ロボット・プルーフな学習モデル　10, 62, 78, 128
『ロボットの脅威』（フォード著）　60
論理，習得の必要性　71

批判的思考　78
ヒューマニクスカリキュラム　12
目標設定と評価　126-128
脳，人間の脳に特異な性質　35
ノースイースタン大学
ALIGN プログラム，シアトル　142
EQUIP　145
GE 社との提携　163
グローバルな大学間連携　157-158
経験学習　7, 108
ローウェル・インスティチュート　134
ノッティンガム（イギリス），ラッダイト運動　19-20

は行

ハイブリッド職　7
ハイブリッドな学習アプローチ　144
バイロン，ジョージ・ゴードン（バイロン卿）　18-20
バジル，ジョー　46-47
発散的思考　64
バトラー，サミュエル　15
バフェット，ウォーレン　139
ハラリ，ユヴァル・ノア　35
ハリケーン・カトリーナ　80
ハンガリー，教育機関と雇用者の提携　165
ピットマン，アイザック　133
批判的思考
仮定を疑う　80
自動化の拡大への対応　56-57
重要性　67
データ分析　79
と文脈の理解　79-80
と問題解決能力　57
人間学カリキュラムの要素として　12
批判的思考とは　57-58, 78-81
ヒューマニクス
新しい学習モデルとしての　68, 90-92
新しいリテラシーと認知能力　11-12
アントレプレナーシップ養成　83-86
異文化アジリティ　87-90
技術リテラシー　70-71
システム思考　80-82
どうやって教えるか　12, 90-92
データリテラシー　72-73
批判的思考　78-80
ヒューマンリテラシー　12, 74-77
分野横断型のテーマ学習　89
ヒューマンリテラシー
経済的／社会的正義　77, 84
コミュニケーション能力の必要性　74
多様性を育む　75
ヒューマンリテラシーとは　12, 74-77
倫理的課題に対処する　76-77
評価，経験学習の　126-128
風力エネルギーの利用　17
フェイスブック社，雇用　30, 41
フェイルコン（FailCon）　86
フェルッチ，デイヴィット　93
フォード，マーティン　29, 60
フォーリー・ホーグ（法律事務所）　46
復員軍人援護法（GI ビル）　24
複雑な推論能力　67
ブッシュ，ヴァネーヴァー　24, 160
ブートキャンプ　33, 71, 148
フライ，ロナルド　100
ブリニョルフソン，エリック　1
ブルッキングス研究所　146
フレミング，アレクサンダー　85
プログラミング　→技術リテラシー
フローマシーンズ（ソニーの音楽制作ツール）　63
文脈理解
と異文化アジリティ　89
と効果的なデータ分析　73
と批判的思考　79-80
米国イノベーション・起業諮問委員会　84
米国労働統計局
IT の進展に関する予測　6

どう機能するか，事例　156
マルチバーシティーとの対比　155, 159
『大学経営と社会環境―大学の効用』（カー著）　155
第四次産業革命　135
ダーウィン，チャールズ　133
ダグラス，フレデリック　69
ターゲット大型店（小売企業）　38-39, 43
多様性，文化的差異，経験と理解　75
知識経済，冷戦後の発展　26
知的機械　→人工知能（AI）／ロボット，自動化／技術
が投げかける倫理的問題　76-77
就職への影響　30, 56
超知能機械　43
ディープラーニング　107
と定量化できない思考　79
と人間に固有の能力　34, 78, 104
複雑なシステムを理解する能力　81-82
チーム構築能力，重要性　42
中国，ロボット工学　2, 165
中産階級
拡大する経済的格差　39-41
の発展　26
賃金
スキルによる格差　30, 44
とギグエコノミー　7, 31, 40, 146
と失業者　5
伸び悩む賃金，自動化とグローバル化の影響　30, 44, 60
ツイッター社，従業員数　30
「つくれば奴はやってくる」モデル　137, 140, 154
ディープ・ブルー（IBM 社のコンピュータ）　34
ディープラーニング　3
『デジタルエコノミーはいかにして道を誤るか』（エイヴェント著）　60
デシュパンデ，デッシュ／デシュパンデ財団　84
データリテラシーと分析スキル　→技術リテラシー
重要性　7, 11, 48, 72-73
データリテラシーとは　72-73
電子商取引　88
批判的思考の必要性　79
ヒューマニクスのカリキュラムの一部としての　12
鉄道会社，適応に失敗　137
デモ・デイズ，グーグル社　55
デューイ，ジョン　99
転移の原理，経験学習プログラム　102-103
電気的エネルギー，発見と活用　17
ドイツ
教育の「二重システム」　164
における科学・技術教育　23
トインビー，アーノルド　130
ドゥエック，キャロル　105-106, 130
徒弟制度　164
ドノヴァン，ダレン　55
トービン，メアリー，コーオプ体験　115
トーランス，ポール　63
ドレイク大学，地元産業との提携　163
トレベック，アレックス　93

な行

ニューマン，ジョン・ヘンリー（ニューマン枢機卿）　22, 167
人間
機械ができないことをすること　34, 78, 104
想像力　81
と知能　66
とロボット／AI に対する恐れ　15, 28, 60
認知能力
教える　68, 90-92

シンシナティ大学，コーオプ教育のモデル　108
診断ソフト　50
新任職務
　と部署間マネジメント　53
　法律事務所における人員削減　46
スイス，教育と雇用者の提携　164
スクラム開発，グーグル社における　54
製造業
　高スキル労働者と低スキル労働者の必要性　30
　高度な製造業，エンジニア　49, 145
　におけるロボット　2, 165
　の衰退　6, 21, 40
製薬業界，拡大に向けたグローバルなアプローチ　158
世界経済フォーラム　28, 83
世界的景気後退
　からの遅い回復　31
　長期的影響　40
ゼネラル・エレクトリック（GE）社
　管理職養成プログラム　138
　技術／サービスの提供者としての　84
　ソフトウェアの重要性，アルゴリズム開発　49
　ノースイースタン大学との提携　145, 163
　問題解決ができる社員（「クォーターバック」）が必要　51
セメル，スコット　28, 46-47
セロン，グラント　48
全米教育統計センター　150
創造性／クリエータ
　新しい経済における重要性　8, 63, 130
　しなやかなマインドセット　105
　収束的 vs 発散的思考　64-65
　大学レベルの研究開発　25
　人間の想像力・発明力　36-37
　理解と評価　63
　領域を横断する思考　81
　ロボット・プルーフなカリキュラムで重要　10, 62, 128
『組織人（オーガニゼーション・マン）』（ホワイト著）　167
卒業生，変わりゆく定義と役割　152-154
ソフトウェア開発とメンテナンス　50

た行

ダイアモンド，ジャレド　130-131
大学
　営利大学　138
　カスタマイズされた学習プログラム　141-147
　教育の種類についての論争　166
　教員　150-151
　教養教育の価値　21
　国からの研究費　25
　経験的リベラルアーツ　122-126
　コーディング・ブートキャンプ　71
　個別指導アプローチ　132
　雇用者とのコラボレーション　25, 141, 160-163
　産業革命の影響　22
　資金獲得　153
　時代遅れの従来型アプローチ　66, 131, 140
　指導陣の拡大の必要性　150-151
　柔軟で創造的思考を育てる役割　37
　生涯学習者 vs 伝統的フルタイム学生　147
　卒業生　152-154
　大学間連携　154-159
　と経済的機会へのアクセス　61
　と就職の展望　40
　復員軍人援護法　24
　変化の時代への対応　5-6
　モジュールブロック型カリキュラム　149
大学間連携
　グローバルなアプローチ　157-158
　大学間連携とは　154-155

ジェネラリスト　53
ジェパディ！（テレビ番組）　93
ジェンキンス，ヘンリー　184
システム思考
　システム思考とは　57-58, 80-82
　ヒューマニクスのカリキュラムの一環　12
　幼児〜中等教育への導入　82
失業者　→技術的失業
実践と統合の段階，経験学習　100-101
失敗／ミスから学ぶ　86
自動運転車　32
自動化／技術　→人工知能（AI）／ロボット
　がもたらす新しい仕事　6, 56, 165
　経済学的および社会的影響　4, 60, 145
　限界　34, 94, 114
　増大する役割と影響度　4
　高まる批判的思考とシステム思考の必要性　56-57
　に対する恐れ　15, 28, 60
　倫理的問題　76-77
自動車産業，拡大への国際的アプローチ　158
しなやかなマインドセット　105
社会的スキル，重要性　42
社会的正義，経済的正義　→ヒューマンリテラシー
　所得格差　39-41, 77
社会的文脈と効果的なデータ分析　73
収束的思考　64
習得段階，経験学習における　100-101
シュナイダー，ヘルマン　108
ジュリアン，デイヴィッド　44
シュワブ，クラウス　28
生涯学習
　フリーランス　146
　営利大学　138
　オンライン講座　129, 138-139, 143
　カスタマイズされた学習プログラム　141-143
　カスタマイズされた伝達　13, 143-146
　教員の役割　150-151
　企業内大学　138
　教育施設の拡大の必要性　150-151
　硬直した／しなやかなマインドセット　105-106
　柔軟なカリキュラム　144
　従来のフルタイム学生との対比　147
　卒業生の役割　152-154
　の基盤としての経験学習　128-129
　大学間連携　154-155
　ブートキャンプ　148
　副次的事業としての　136
　モジュールブロック型カリキュラム　149
　歴史　133-135
蒸気エネルギーの利用　17
情報革命　18
職場にて教育プログラムを行う　145
ジョーンズ，マッケンジー，コーオプ体験　114-115
ジョンソン，リンドン・B.　20
ジョンソン&ジョンソン社，雇用　55
人工知能（AI）／ロボット　→自動化／技術
　加速する進歩　2, 138, 165
　経済駆動力としての　29, 140, 146
　収束的思考　64
　定型的課題では人間より優位　28
　適応・学習する能力　2, 10, 107
　に対する恐れ　15, 28, 60
　にまつわるスキル開発の重要性　138
　利用場面　2, 44, 165
　倫理的問題　76-77
　ロボット・プルーフな学習モデル　10, 62, 78, 128
「人工知能の未来に備えて」（国家科学技術会議のレポート）　43
人口統計
　国外で出まれたアメリカ住民　88
　人類の人口増加　62
　労働人口増加の見込み　6

学習の成果を可視化する　126-128
寄宿型大学での　118-121
経験学習とは　97-100
経験的リベラルアーツ　122-126
硬直した／しなやかなマインドセット　105-106
試行錯誤の価値　96
生涯学習の基盤としての　12, 107, 128
デューイの見解　99
転移の理論とプロセス　102-103
ノースイースタン大学での先駆的取り組み　7
ハイブリッドな学習のアプローチ　144
ハンズオン・プロジェクト　91
有効性をめぐる論争　99
計算能力　68
ケインズ，ジョン・メイナード　20
ゲーリング，シュールト　55
検索エンジン，キーワード検索　46-47
ケンショー（銀行業界向けソフトウェア企業）　45
公教育
収束的で非創造的な思考を重視　64-65
と経済発展　61
マンによる普通教育の提唱　23
「工場モデル」の教育　23
硬直したマインドセット　105, 130
コーオププログラム，ノースイースタン大学
インターンシップと　111
エルデーイの体験　113-114
学習のプロセス　110-111
ジョーンズの体験　114-115
と将来の就職の準備　112
トービンの体験　115
ネットワークづくりと学生のマッチング　109
の進化　107-108
マタロンの体験　116-117
国際成人力調査プログラム（OECDによる）　67
国防研究委員会　24
コックス，アンドレア　52-53
個別化学習プログラム
特徴　145
と従来の学位プログラム　147
とブートキャンプ　148
モジュール化　149
コミュニケーション能力　67, 119, 143
コミュニティカレッジ　24, 136
雇用者
経験学習やコーオプ学習モデルに対する肯定的な見方　111
従業員に求めるスキル　35, 42, 59
新技術を取り入れる　60
大学－雇用者間の提携　25, 141, 160-163
とカスタマイズされた学習プログラム　141-143
コルブ，デイヴィッド　100
コロンビア号の事故　80
コンピュータ　→人工知能（AI）／ロボット，自動化／技術
コンピュータサイエンティスト，教養教育の必要性　125

さ行

『ザ・セカンド・マシン・エイジ』（ブリニョルフソンら著）　1
サイバーセキュリティ　141
サービス業　6, 26, 40, 165
サリバン，トーマス・バレンティン　134
産業革命
と教育機会　22, 133
と失業者　20, 29
と人間の創造性の拡大　29
と変化への抵抗　5, 19-20, 60
サンノゼ州立大学，IBMとの提携　163
ジェニングス，ケン　93

オンライン学習　129, 138-139, 143
オンラインショッピング　88

か行

カー，クラーク　155, 159
概念化，その重要性　58
「科学―終わりなきフロンティア」（ブッシュ著）　161
科学研究への国家予算　25
科学的方法論，学習モデルとしての　86, 99
学位プログラム，生涯学習者と従来型学生　147
学習プロセス，機械 vs 人間　95
カスパロフ，ガルリ　34
「学校教育は創造性を殺してしまっている？」（ロビンソンによる講演）　65
カーネギーメロン大学，国際的大学間連携　157
カリギウリ，ポーラ　87
韓国，教育と雇用者の提携　166
企業内大学　138
ギグエコノミー，フリーランスワーカー
　個別化された学習プログラム　146
　所得　31, 40-41, 146
　定義　7
気候変動，解決策を見つける　58, 81-82, 92, 159
寄宿型大学，経験学習　118-121
技術的失業
　アルゴリズムによる仕事の処理　5, 41, 63
　と格差　77
　とギグエコノミー　7, 146
　の加速　28
　への対策としての教育　32
　ホワイトカラー労働者　145
　歴史上の事例　19-20
技術的メンター制度，IBM　142
技術リテラシー
　技術リテラシーとは　54, 70-71
　経験的リベラルアーツプログラム　124
　コーディング・ブートキャンプ　33, 71
　重要性　70-71
　と SAIL 評価ツール　127
　ヒューマニクスのカリキュラム　12
教育
　と復員軍人援護法　24
　普通教育の提唱（ホーレス・マンによる）　23
教室内学習
　実世界の経験と統合する　12, 92, 97-98, 102, 107
　しなやかなマインドセットを育む　107
　知識内容　102
　と初等～中等教育　70, 82
　と評価／成績　127
協働ロボット（co-bot）　2
強風による脱線事故　51, 58
ギルフォード，J. P.　64
銀行業界，必要なスキル　44-45
グーグル社，雇用　53-54
グーグル翻訳　115
グローバル化
　アメリカにおける反発　39
　経済への影響　6, 26
　国際化 vs 真のグローバル化　158
　全世界からの採用の試み　45
　と異文化アジリティ　87
　とオンラインショッピング　88
　とグローバルな大学間連携　157-158
　と大規模小売店　38
　と文化的文脈／多様性の重要性　75
軍事応用
　大学との提携　24
　倫理的問題　76
　ロボットの　2
経験学習
　4 段階のフレームワーク　100

索引

英数字

3D プリンター　30
“Academically Adrift”（アラム著）　67
AI　→人工知能（AI）／ロボット
AT&T 社（Udacity 社との協働）　139
BPO（ビジネス・プロセス・アウトソーシング）　117
“Darwin among the Machines”（バトラー著）　15
IBM 社
　サンノゼ州立大学との提携　163
　ディープ・ブルー，スーパーコンピュータ　34
　認知的計算の講座での提携　142
　メモリアル・スローン・ケタリング病院との提携　3
　ワトソン，スーパーコンピュータ　3, 93-94
IoT（モノのインターネット）　30
MOOC（大規模公開オンライン講座）　138
NASA（アメリカ航空宇宙局）　80
“Ode to the Framers of the Frame Bill”（バイロン著）　20
OECD（経済協力開発機構）　67
SAIL（学生評価型統合学習）　127, 146
“The Internet of Us”（リンチ著）　73
YMCA（キリスト教青年会）　134

あ行

アイルランド，「ナショナル・スキルズ・ストラテジー 2025」　164
アマゾン・メカニカル・ターク　31
アメリカ科学研究開発局　160
アラム，リチャード　67
アルゴリズムの開発　41, 49, 53
アングル，コリン　28
アントレプレナーシップ
　コーオプ体験　116
　重要性　83-86
　ヒューマニクスのカリキュラムの一環　12
アンブローズ，スーザン　182
イェール大学，グローバル大学間連携のアプローチ　157
遺伝子操作　77
異文化アジリティ／異文化理解　73, 78, 87-90
医療応用，ワトソンの利用　3
インターンシップ　→コーオププログラム
　コーオププログラムとの対比　111
　と経験的リベラルアーツプログラム　123
インド，法律業務の外注　46
イントラリンク社（技術的法務の企業）　27, 46
ウィリアムズ，ジョージ　134
ヴィンター，スティーブ　53-54
ウェルズ・ファーゴ銀行　44
エイヴェント，ライアン　60
英文学専攻，経験学習の機会　123
営利大学　138
エルデーイ，キャサリン，コーオプ体験　112-113
遠隔学習　134
オーストリア，徒弟制　164
オバマ，バラク　84
オルトゥイス，コーエン　81-82

著　者　**ジョセフ・E・アウン**（Joseph E. Aoun）

ノースイースタン大学第7代学長。専門は言語学。マサチューセッツ工科大学より言語学と哲学でPh.D.取得。2006年よりノースイースタン大学学長。130以上の国々で研究・就労の機会を提供するコーオプ教育など、同大学における経験学習プログラムを強力に推進している。アメリカ科学振興協会フェロー、アメリカ教育評議会会長などを歴任。

訳　者　**杉森 公一**（すぎもり・きみかず）

金沢大学国際基幹教育院准教授

西山 宣昭（にしやま・のぶあき）

金沢大学国際基幹教育院教授

中野 正俊（なかの・まさとし）

金沢大学国際基幹教育院特任助教

河内 真美（かわち・まみ）

金沢大学国際基幹教育院特任助教

井上 咲希（いのうえ・さき）

金沢大学国際基幹教育院特任助教

渡辺 達雄（わたなべ・たつお）

金沢大学国際基幹教育院准教授

編集担当　丸山隆一（森北出版）
編集責任　富井　晃（森北出版）
組　　版　コーヤマ
印　　刷　日本制作センター
製　　本　ブックアート

ROBOT-PROOF：AI 時代の大学教育　版権取得　*2018*

2020 年 1 月 20 日　第 1 版第 1 刷発行

訳　　者　杉森公一・西山宣昭・中野正俊・
河内真美・井上咲希・渡辺達雄
発 行 者　森北博巳
発 行 所　**森北出版株式会社**
東京都千代田区富士見 1-4-11（〒 102-0071）
電話 03-3265-8341／FAX 03-3264-8709
https://www.morikita.co.jp/
日本書籍出版協会・自然科学書協会　会員
JCOPY　＜（一社）出版者著作権管理機構 委託出版物＞

落丁・乱丁本はお取替えいたします.

Printed in Japan／ISBN978-4-627-97521-7